되는 사람

안 될 놈의
굴레를 깨트릴
인생 설계도

도널드 밀러 지음 | 김은영 옮김

Hero on a Mission

되는 사람

윌북

추천의 글

세상에 서투른 모양으로 나갔다가 강펀치를 맞고 쓰러져 울던 때면 이런 생각을 하곤 했다.

"내 인생을 내 마음대로 쓸 수 있다면 얼마나 좋을까?"

인생을 마냥 흘러가는 대로 운에 맡기는 게 순리라고 생각한다면 자신을 무릎 꿇게 한 현실만 탓하게 될 뿐, 적극적으로 자기 자신을 구하려 하기 힘들다. 스스로를 패배자라 여기면 인생이라는 스토리에서 절대 영웅이 될 수 없다. 매일 스스로에게 실망하기를 반복한다면 내 삶이라는 영화는 비극이 될 수밖에 없다.

이 책이 말하는 '되는 사람'이 되는 방법은 자신의 인생을 긍정적이고 진취적으로 개척해나가는 삶의 태도와 일치한다. 앞이 보이지 않는 인생의 터널을 지날 때, 내 인생이 해피엔딩일 것을 믿게 해준다.

『되는 사람』은 매일, 매시간을 의미 있게 살고자 하는 사람들에게 길을 알려주고, 인생의 방향키가 자신에게 있다고 믿는 사람에게 삶을 새로 쓸 기회를 제공한다. 내 인생의 스토리를 스스로 쓸 수 있다는 발상 자체가 많은 걸 변화시킬 것이다.

최서영 | 『잘될 수밖에 없는 너에게』 저자, 유튜브 '가전주부', '말많은소녀' 운영

차례

제1부

밑그림 그리기
내 안의 히어로 씨앗을 발견하라 🚶

저자가 운영하는 히어로온어미션닷컴HeroOnaMission.com에서는 라이프 플랜과 데일리 플래너를 무료로 제공한다. 아래 QR코드를 스캔하면 해당 사이트에서 관련 워크시트를 다운로드 받을 수 있다.

운명에 우리 삶의 스토리를 맡기지 말라.

운명은 형편없는 작가다.

캐릭터를 바꿔야 인생이 바뀐다

모든 스토리에는 네 가지 주요 캐릭터가 등장한다.

첫째, 무기력에 빠져 멈춰버린 패배자

둘째, 매사 부정적이고 화가 가득한 빌런

셋째, 변화를 꿈꾸고 이루어내는 히어로

넷째, 히어로를 돕는 조력자

책을 읽고 영화를 볼 때 우리는 패배자를 동정하고 빌런을 미워하며 히어로를 응원하고 조력자를 존경한다. 이 네 가지 캐릭터는 책이나 영화뿐 아니라 실생활에 존재하고 우리 내면에 머물며 인생의 스토리에도 등장한다.

우리는 매일 네 가지 캐릭터로 살아간다. 부당한 일을 당하면 잠시 패배자가 되어 나 자신을 불쌍히 여기고, 일이 뜻대로 되지 않으면 빌런이 되어 복수를 꿈꾼다. 좋은 아이디어가 떠올라 실행에 옮기고 싶을 땐 히어로가 되어 발 벗고 나서고, 도와야 하는 사람이 있다면 조력자가 된다. 문제는 이 네 가지 캐릭터가 우리에게 미치는 영향이 모두 다르다는 데 있다. 히어로와 조력자는 삶의 진정한 의미를 깨닫게 하지만 나머지 두 캐릭터는 우리를 파멸로 몰아간다.

오랜 시간 나는 패배자 캐릭터로 살아왔다. 그리고 패배자 마인드는 내 삶에 부정적인 영향을 미쳤다. 앞으로 이야기하겠지만, 나는 내가 싫었다. 내 삶 자체가 싫었고 다른 사람들로부터 인정받지 못했다. 수입도 없었고 인간관계도 원만하지 않았으며 역량도 부족했다. 내 인생은 한 편의 슬픈 비극처럼 흘러갔다. 깨달음을 얻지 못했다면 지금껏 그렇게 살았을 것이다. 자라온 환경에 특별한 문제가 있었던 것도 아니다. 특별한 트라우마도 없다. 문제는 내가 나를 바라보는 방식이었다. 나는 나를 패배자라고 생각했다.

그러던 어느 날, 문학작품이나 영화에 등장하는 히어로에게 공통적인 특성이 있음을 알게 되었다. 그러자 한 가지 놀라운 생각이 떠올랐다. 그들이 가진 특성을 적용하면 나도 더 나은 삶을 경험할 수 있지 않을까?

물론 우리의 생각과 달리 히어로는 그다지 강하지도, 능력이 출중하지도 않다. 그들 역시 변화의 과정을 겪는 패배자다. 하지만 히어로처럼 산다고 생각하니 문득 오스트리아 빈 태생의 신경학자이자 철학자 빅터 프랭클이 고안한 로고테라피가 떠올랐다. 앞으로 이 책을 통해 로고테라피에 관해 더 자세히 설명할 예정이다.

로고테라피를 공부한 뒤 내 삶은 달라졌다. 언제나 불만이 가득하고 무기력하며 사람을 두려워하던 내가 만족을 느끼기 시작했고, 생산적으로 생활하게 되었으며, 친밀한 관계를 즐기게 되었다. 무엇보다 삶이 무의미하다고 생각하던 내가 가치 있는 삶이란 무엇인지 깨닫게 되었다.

그 후로 나는 삶에 필요한 온갖 생각을 체계화하기 위해 라이프 플랜과 데일리 플래너를 만들었다. 이제 이 책을 통해 히어로처럼 산다면 놀라운 경험을 할 수 있다고 이야기하려 한다. 앞으로 소개할 간단한 방법만 알면 누구라도 의미 있는 삶을 살 수 있다.

무엇을 위해 고군분투했나 허무한 마음이 들 때, 그동안 살아온 삶이 지겹게 느껴질 때, 혹은 새로운 삶의 스토리를 써야 할 때 이 책이 여러분에게 도움이 되기를 바란다.

제1부

밑그림 그리기
내 안의 히어로
씨앗을 발견하라

우리는 우리가 생각한 대로 된다.
지금 우리의 모습은 우리의 생각에서 비롯된 것이다.

_얼 나이팅게일

삶의 스토리를 이끄는
네 가지 캐릭터

의미 있는 삶을 사는 것은 어렵다. 사실 삶을 의미로 채워가는 일은 스토리를 쓰는 것과 매우 유사하다. 우리는 책을 보거나 영화를 감상할 때 등장인물의 헛된 꿈, 음모, 변덕, 부정행위를 보고 딱히 의미 있는 행동이라고 생각하지 않는다.

글도, 삶도 언제든지 흥미진진해질 수 있다. 하지만 훌륭한 스토리를 쓰려면 노력이 필요하다.

좋든 싫든 우리의 삶은 한 편의 스토리다. 시작이 있고 중간이 있고 끝이 있다. 새로운 막이 오를 때마다 우리는 여러 가지 역할을 연기한다. 형이 되고 동생이 되고 아들이 되고 딸이 된다. 부모가 되고 동료가 되고 연인이 되고 친구가 된다. 누군가의 스토리는 의미 있고 흥미진진하며 심지어 고무적이지만, 누군가의 스토리는 마치 작가가 길을 잃은 것처럼 느껴진다.

그렇다면 누가 우리의 스토리를 쓸까? 신일까? 아니면 처음부터 운명에 따라 정해진 걸까? 아니면 직장 상사가, 사회가 쓰는 걸까? 어느 물리학자는 한 인터뷰에서 시간의 관점에서 삶은 실제로 존재하지 않으며 시작도 하지 않았지만, 이미 끝났다고 주장했다. 어쩌면 그의 말이 맞는지도 모르겠다. 그러나 인생을 사는 데 도움이 되는 말은 아닌 것 같다. 사실 우리는 시간의 테두리 안에서 삶을 살고 경험한다. 그리고 그 경험이 가능한 한 의미를 지니길 바란다.

내 스토리의 저자는 바로 나다. 내 스토리는 내가 쓰고, 이 스토리를 의미 있게 만들어야 할 책임은 오직 내게 있다. 이것이야말로 내가 살아오면서 깨달은 단 하나의 위대한 패러다임이다.

제임스 앨런은 1903년에 출간한 『생각하는 그대로』에서 "자신을 외부 환경의 산물이라고 믿는 한 인간은 환경에 휘둘린다. 하지만 자신에게 창조의 힘이 있으며 자신의 토양과 씨앗에서 환경을 가꿀 수 있다고 믿을 때 인간은 비로소 자신의 진정한 주인이 된다"라고 말했다. 나는 그 말에 동의한다.

받아들이기 어렵지만, 우리의 스토리를 신이 쓰는 거라면 신은 지금 일을 제대로 못 하고 있다. 나는 누군가의 스토리는 유독 비극적이며 우리 역시 대부분 비극을 경험했다고 생각한다. 게다가 신이 스토리를 쓴다면 신은 공평하지 않다. 어떤 사람은 특권을 가지고 태어나고 또 어떤 사람은 그렇지 않으니까. 어떤 사람은 허무하게 때아닌 죽음을 맞고 또 어떤 사람은 마지막까지 무탈하게 살다 간다.

그런데 만약 신이 일출과 일몰, 태양과 사막, 온갖 날씨를 창조한 다음 펜을 건네주며 나머지를 우리에게 맡겼다면 어떨까? 즉 스토리의 책임이 우리에게 있다면 어떨까? 운명 때문에 삶이 불안한 게 아니라 작가가 글을 잘못 써서 그런 거라면, 그런데 그 작가가 우리 자신이라면? 게다가 운명이 모든 것을 결정하니까 어떤 감정 없는 얼간이가 내 스토리를 엉망으로 만들어도 그저 가만히 앉아 보고만 있어야 한다면,

나는 누구를 탓해야 할까? 신을 탓해야 할까, 아니면 운명을 탓해야 할까, 그것도 아니면 존 스타인벡노벨 문학상을 받은 미국의 대표 소설가다—옮긴이을 탓해야 할까?

아무리 봐도 자신을 탓하는 것 말고는 달리 방법이 없는 것 같다. 여기서 책임이 내게 있다는 말은 스토리를 결정할 힘도 내게 있다는 것이다.

내가 내 삶의 작가라는 믿음은 살아가는 데 도움이 된다. 도움 정도가 아니다. 삶의 흥미를 자극한다. 사는 게 지겹다고 할지라도 그것 또한 우리의 스토리다. 좋은 점이 있다면 스토리를 우리 의지로 바꿀 수 있다는 것이다. 의지만 있다면 늘어지는 스토리에서 흥미진진한 스토리로, 장황하고 두서없는 스토리에서 매력적인 스토리로, 단조로운 스토리에서 유쾌하고 신나는 스토리로 바꿀 수 있다.

스토리를 의미 있게 바꾸려면 반드시 알아야 할 원칙이 있다. 이 원칙을 삶에 적용하고 펜을 더는 운명에 넘기지 않는다면, 앞으로의 경험을 바꿀 수 있다. 결국 당신은 멋진 삶에 감사하게 될 것이다.

앞으로 나아가지 못하는 패배자
—

만약 당신이 작가이며 잘 풀리지 않는 작품을 들고 나를 찾아와 "도널드, 스토리가 별로야. 재미가 없네. 그런데 어떻게 고쳐야 할지 모르겠어"라고 말한다면 나는 가장 먼저 히어로를 살펴볼 것이다. 히어로가 패배자처럼 행동한다면 그 스토리는 금세 엉망이 되어버리기 때문이다.

다시 한번 말하지만, 히어로는 패배자처럼 행동해선 안 된다. 스토리뿐만 아니라 우리 삶에서도 마찬가지다. 히어로가 패배자처럼 행동하면 스토리가 망가질 수밖에 없다. 히어로는 어렵고 힘든 일에 도전해야 한다. 그동안 감명 깊게 읽은 거의 모든 스토리의 줄거리를 떠올려보면, 금세 깨닫게 될 것이다.

반면 패배자는 앞으로 나아가거나 도전하지 않는다. 자신이 불행한 운명이라고 믿기 때문에 도전을 포기한다.

생각해보면 삶을 운명에 맡기는 사람은 패배자가 될 수밖에 없다. 그들은 성공도, 친밀한 관계도, 감사하는 마음도, 모범적인 부모가 되는 것도 모두 운명에 맡긴다. 운명은 그럴싸한 핑계가 될 순 있어도 스토리를 만들진 못한다. 스토리를 만드는 것은 히어로다. 패배자는 스토리를 이끌지 못한다.

다들 패배자로 사는 듯한 사람을 한두 명쯤 알고 있을 것이다. 끔찍한 일이지만 나 자신이 그런지도 모른다. 패배자는 누군가가 구해줄 때까지 속수무책으로 허우적거린다. 물론 실제로 피해를 입은 사람들도 존재한다. 그들에겐 도움이 필요하다. 하지만 그것은 일시적인 상태다. 위기를 모면하고 히어로가 되어 씩씩하게 앞으로 나아가야 삶이 더 의미 있어진다.

나 역시 20대 중반 무렵 우울감과 슬픔에 빠져 지냈다. 내 삶은 막다른 길에 놓여 있었다. 나는 오리건주의 포틀랜드 지역의 작은 방에서 세 들어 살고 있었고, 매트리스도 없이 마룻바닥에 납작한 침대 겸용 소파를 접어 깔고 잤다. 아침에 눈을 뜨면 무기력하게 카펫에 묻은 우유 얼룩만 멍하니 바라봤다. 돈이 없었던 나는 여러 사람과 그 좁은 집에서 함께 지냈다. 그들은 야망도 없고 무언가를 해볼 의지도 없던 내게 관심조차 주지 않았다.

당시 나는 펜을 운명에 넘겼다. 아마 운명이 작가라고 한다면 운명은 당시 다른 이의 인생에 관심을 쏟느라 내 스토리 따윈 신경 쓰지 않았던 것 같다. 여하튼 내겐 아무런 계획이 없었다. 무기력에 허덕이느라 아무 데도 나가지 않았고, 건강도 몹시 나빴다. 사는 게 힘들었고 세상은 내 편이 아니라고 생각했다.

아침에 몸을 일으키는 건 지구를 들어 올리는 일만큼이나 어려웠다. 매일 마음속으로 이런저런 핑계를 대며 몇 시간씩 더 누워 있곤 했다. 간신히 몸을 일으켜 세울 때면 무릎에서 우드득 소리가 났다. 몸이고 마음이고 여기저기 아프지 않은 데가 없었다. 내 나이 스물여섯 살이었다.

패배자 역할을 수행하는 데 에너지를 너무 많이 쏟아낸 탓에 내 삶은 전혀 발전이 없었다. 작가가 되고 싶었지만 책을 내기 위한 아무런 노력도 하지 않았다. 내 삶은 옴짝달싹 못한 채 멈춰버렸다. 무언가를 시작할 시도조차 하지 않았다. 패배자라는 생각에 갇혀 나보다 똑똑하고 경험이 많은 사람이나 작가가 될 수 있다고 믿었다. 운명이 미리 작가가 될 사람을 결정한다고 믿었고, 운명은 내 편이 아니기에 아무리 해봤자 결국 안 될 거라고 생각했다.

당시 나의 유일한 스케줄은 시내로 가는 버스를 타고 파웰스 서점에 책을 팔러 가는 것이었다. 파웰스 서점은 포틀랜드 중심가에 있는 큰 서점으로, 중고 책을 사들여 세 배 가격에 파는 곳이었다. 종종 책을 가져다 팔면 피자 한 조각 정도는 사 먹을 여유가 생겼다. 한번은 버스를 타고 집으로 돌아오는 길에 봉사 센터 밖에 식량 배급을 받으려고 줄을 선 노숙자들을 발견했다. 나는 3일 뒤에 집세를 내야 했는데, 수중에 돈이라곤 땡전 한 푼 없었다. 순간 다음 주에 내가 그 줄에 서 있을 것 같아 두려웠다.

그땐 몰랐지만 내게는 무엇보다 내 삶의 스토리를 쓰는 건 나라는 확신과, 의미 있는 삶을 살도록 도와줄 일종의 체계가 필요했다. 나는 스스로 내 스토리를 편집하고 수정할 수 있다는 사실을 깨달아야 했고, 그 과정에 어떤 원칙을 사용해야 할지 알아야 했다.

누구나 일생에 한 번은 절망적인 시기를 경험한다. 어떤 사람은 그 시기를 이겨내고 어떤 사람은 계속해서 절망에 빠져 지낸다. 대부분은 두 가지 경우가 뒤섞인 삶을 살아간다. 조금씩 앞으로 나아가며 취업도 하고 결혼도 하고 아이도 낳지만, 자꾸만 끼어드는 패배자 에너지로 인해 끊임없이 주춤거린다. 출세의 사다리를 오르거나 결혼을 하고 아이를 낳겠다는 새로운 다짐을 할 때면 우리는 히어로 에너지를 발산한다. 하지만 패배자 에너지가 삶을 뒤덮고 있는 한 우리의 스토리는 끊임없이 가혹한 불행에 시달린다.

다시 한번 말하지만, 삶의 스토리가 흥미로워지려면 패배자 에너지를 품어서는 안 된다. 패배자 에너지는 자신이 아무것도 할 수 없고 불행하다는 믿음에서 생겨난다. 따라서 자신의 스토리가 어떤지 묻기 전에 자신의 역할이 무엇인지 물어야 한다. 패배자나 빌런 역할을 맡고 있다면 스토리를 아무리 편집하고 수정해도 도움이 되지 않는다. 그 캐릭터들은 이야기 전개에 어느 정도 일조할 순 있지만 스토리를 끌어가진 못한다.

하지만 조심해야 한다. 이 글을 읽으면서 자신이 패배자 에너지를 발산해서 부끄럽다는 생각이 든다면 당신은 스토리를 망칠 또 다른 에너지, 즉 빌런 에너지를 발산하고 있는 것이다. 알다시피 빌런은 다른 사람을 하찮게 여긴다. 빌런의 스토리 역시 우리 삶에 긍정적인 변화를 이끌지 못한다. 패배자처럼 행동하는 자신을 부끄러워하지는 말자. 그랬다간 내면에 숨어 있는 빌런이 패배자를 공격할 테니. 모든 책과 영화가 보여주듯, 패배자와 빌런의 대화는 훌륭한 스토리를 만들지 못한다.

매사 부정적인 빌런
—

엉망인 스토리를 바꾸려면 빌런 에너지를 지나치게 발산해선 안 된다. 패배자와 마찬가지로 히어로가 빌런 에너지를 발산할 때 스토리는 망가진다.

당신이 이 책을 구입했다고 해서 무조건 내 편이라고 생각하진 않는다. 미리 말하지만, 당신이 다른 누군가를 질투하며 그의 삶과 성취를 가볍게 여기는 사람을 싫어한다면 나를 싫어할 것이다. 내가 바로 그런 짓을 했던 사람이기 때문이다.

스토리를 바꿀 방법을 알기 전에 나는 늘 빌런 에너지를 탑재하고 있었다. 인생이 잘 풀리지 않아 화가 났고 질투심과 열등감 때문에 주변 사람에게 못되게 굴었다. 친구들은 앞으로 나아가는데 나만 정체되어 있다는 생각에 비참했다. 당시 친구들은 취업도 하고 결혼할 상대와 데이트도 했다. 성공으로 가는 삶의 리듬을 차근차근 밟아가고 있었다. 그에 반해 나는 리듬을 타기는커녕 박자조차 맞추지 못하는 신세였다. 그래서 그들을 상대로 마구 화풀이를 해댔다. 내 공격은 대체로 수동적이었다. 그들이 좋다고 하는 게 있으면 그것에 대해 부정적인 의견을 내놓곤 했다. TV로 축구 경기를 보는 친구에게 다가가 "그게 그렇게 재밌니? 다른 사람들 하는 걸 구경하는 게 대체 무슨 재미인가 싶네"라고 말하며 무안하게 만들었다. 한번은 이런 적도 있었다. 내가 자꾸만 설거지를 하지 않고 더러운 접시를 쌓아두는 탓에 룸메이트들이 설거지는 바로바로 하자는 규칙을 만들었다. 그러던 어느 날 아침에 일어나 보니 집에는 아무도 없고 룸메이트들이 아침을 먹고서 치우지 않은 채 그대로 두었길래 더러운 접시를 그들의 침대에 가져다 놓았다. 나는 침대가 없는데 룸메이트들은 모두 침대가 있다는 질투심 때문이었다.

빌런은 다른 사람을 깎아내리려고 애쓴다. 생각해보면 내가 그랬다. 나 자신이 너무도 작게 느껴져 다른 사람들을 더 작게 만들어야 내가 커진다고 믿었다. 친구들의 직업은 별 볼 일 없어야 했고, 애인 역시 매력이 없어야 했다.

빌런을 너무 미워하지는 말았으면 좋겠다. 사실 그들도 힘든 시간을 보내고 있다. 알고 보면 히어로와 빌런은 비슷한 사연을 가지고 있다. 처음엔 둘 다 패배자로 시작한다. 영화나 책을 생각해보자. 히어로는 보통 어린 시절 부모를 잃고 인정머리 없는 친척과 살며 학교생활에 적응하지 못하고 친구들로부터 괴롭힘을 당한다. 아이들은 그의 가방에 쓰레기를 처넣고 책을 변기에 버린다.

빌런도 다를 바 없다. 그들도 시련을 겪는다. 대체로 빌런의 사연이 자세하게 소개되지는 않지만, 작가는 그가 겪었을 시련을 넌지시 비춘다. 얼굴에 흉터가 있거나 다리를 절거나 언어 장애가 있는 것도 그러한 이유에서다.

히어로는 시련을 겪으며 성장한다. 다른 사람들이 자신과 같은 아픔을 겪지 않도록 도와주려고 애쓴다. 반면 빌런은 자신을 그렇게 만든 세상에 복수를 도모한다. 그것이 히어로와 빌런의 차이다. 히어로와 빌런은 시련에 반응하는 방식이 다르다.

빌런 에너지는 부정적인 결과를 가져온다. 빌런 에너지를 발산할수록 스토리는 좋지 않은 방향으로 흐른다. 이 정도는 빌런이 벌이는 가벼운 처사다. 사실 우리가 발산하는 에너지는 연속적이다. 빌런의 대처 전략을 습득해 이를 계속 사용하다 보면 악마가 되기 쉽다. 누구나 그렇게 될 가능성을 가지고 있다. 돈 리처드 리소와 러스 허드슨은 저서 『에니어그램 성격유형』에서 아홉 가지 성격 유형의 부정적 쇠퇴 측면을 도표로 나타냈다. 성격이 부정적 방향으로 쇠퇴할 때 어떤 사람은 자신의 권력을 잃지 않기 위해 자기보다 약한 사람을 괴롭힌다. 다른 경우라 해도 더 나을 게 없다. 누구나 부정적인 방향으로 계속해서 나아가다 보면 결국 자기 자신이나 다른 이에게 피해를 끼친다.

못된 성향이 투명하고 순수해 보일 때도 있지만, 빌런 에너지는 결코 가볍게 여길 게 아니다. 다른 사람을 업신여기기 시작할 때 우리는 악마와 춤을 추게 된다.

당시 나는 빌런 에너지를 발산하면서 점점 더 고립되었다. 친구들은 나와 이야기를 나누려 들지 않았다. 친구의 애인들 역시 나와 인사조차 나누지 않았다. 매사에 부정적이고 툭하면 화를 내는 사람과 어느 누가 이야기하고 싶겠는가?

친구들은 내게 그렇게 못되게 굴수록 너만 더 힘들어질 거라고 충고했다. 그들의 말이 맞았다. 자꾸 견디기 힘든 일만 생겼다. 용기를 내어 역경에 맞서 싸우기보다 패배자와 빌런 행동 패턴에 빠져 지낸 탓에 내 삶의 스토리는 아무런 진전이 없었다.

빌런 에너지를 품고 있는 사람은 다른 사람의 관점을 이해하려고 노력하기보다 겉모습만 보고 상대방을 업신여긴다. 비판을 통해 배우고 성장하려고 애쓰기보다, 충고와 조언을 건네는 사람들을 무시한다. 사실 많은 사람이 하루에도 몇 번씩 빌런 에너지를 발산한다. 때로는 점심을 먹었냐 먹지 않았느냐에 따라 발산되는 에너지가 달라지기도 한다.

패배자가 그렇듯 빌런 역시 변하기 쉽지 않다. 따라서 처음부터 빌런이 되지 않는 것이 중요하다. 빌런은 언제나 매우 위협적인 존재다. 물론 빌런은 스토리의 큰 부분을 차지한다. 그러나 빌런은 그들이 가진 힘과 권력, 위협적 요소에도 불구하고 그저 히어로를 돋보이게 만들고 패배자에 대한 연민을 자아낼 뿐임을 명심하자. 빌런은 많은 주목을 받지만 스토리의 주인공은 되지 못한다.

변화를 꿈꾸고 이루는 히어로

히어로가 될 때 삶의 스토리가 극적으로 전개된다. 삶을 스스로 통제하고 삶의 스토리를 의미 있게 끌어가고 싶다면 히어로 에너지를 많이 발산하는 데 집중해야 한다. 나 역시 히어로 에너지를 발산해 내 삶을 구하고 삶의 질을 높일 수 있었다. 그렇다면 히어로 에너지의 본질은 무엇일까?

히어로는 목표가 있고 그것을 이루기 위해 도전에 맞선다. 우리는 책이나 영화를 볼 때 문제가 생기면 히어로가 능력을 발휘해 위기를 해결해줬으면 한다. 풀리지 않는 삶의 스토리를 마주할 때 나는 다음과 같은 질문을 한다. 히어로는 도전을 맞닥뜨렸을 때 어떻게 대응할까? 모욕을 당했을 때 어떻게 반응할까? 거절을 당했을 때 어떻게 반응할까? 모든 걸 잃었다고 느낄 때, 어둠 속에서 빛을 찾기 위해 어떤 노력을 할까? 쓰러져도 다시 일어나려면?

히어로가 단호한 조치를 내리고 희망으로 대응하면 스토리는 흥미진진해진다. 하지만 패배자처럼 절망에 빠지거나 빌런처럼 다른 사람을 몰아세운다면 스토리는 엉망이 될 것이다.

캐릭터가 스토리의 방향을 결정한다

삶이라는 스토리에서 어떤 캐릭터가 되느냐는 결국 정체성의 문제다. 당신은 자신이 무엇이라고 생각하는가? 스스로 무력하고 삶이 운

명의 손아귀 안에 있다고 믿는다면 당신은 패배자 정체성을 가지고 살아가는 중이다. 남을 무시하고 내가 우위에 있다고 믿는다면 빌런의 정체성을 가지고 살아가는 것이다.

히어로 에너지를 발산할 때 경험하는 첫 번째 변화는 내 삶이 운명의 손에 달리지 않았다는 사실을 깨닫는 것이다. 히어로는 용기를 내어 환경을 바꾼다. 거듭 강조하지만, 운명이 모든 것을 결정하진 않는다. 운명은 도전 과제를 던지지만, 맞서는 방법까지 정해주진 않는다. 인생은 미리 프로그래밍되어 있지 않다. 우리에게는 스토리를 만들어 나갈 힘이 있다. 운명이 햇살을 비추거나 비를 내리게 할진 몰라도 정체성까지 지정하진 않는다. 정체성은 우리가 정하는 것이며 이 결정이 스토리를 좌지우지한다.

우리가 보기엔 능력이 출중한데 자신을 패배자라고 여긴다면 그 사람은 자제력이 부족한 경우가 많다. 하지만 중요한 점은 그게 아니다. 그들은 자기 내면에 히어로 에너지가 있다는 사실을 알지 못한다.

패배자와 빌런이었던 나는 히어로 에너지를 통해 달라졌다. 훌륭한 스토리를 만드는 데 필요한 원칙을 배우고 그 원칙을 삶에 적용할수록 나 자신을 바라보는 관점이 변했고, 점차 삶의 의미를 경험할 수 있었다. 내 삶의 스토리는 '내가 어떤 사람이 될 수 있을까?'라는 호기심으로 시작됐다. 내 스토리에 좋은 변화가 시작되면서 정체성도 만들어졌다.

나는 2년간 파웰스 서점을 다니며 돈이 생기면 책을 사고 돈이 떨어지면 다시 팔았다. 물론 손해 보는 장사였다. 하지만 인간은 빵만으로 살 수 없다. 나는 종이에 새겨진 단어들이 좋았고 그 단어들로 글을 쓰고 싶었다. 내가 정말 작가가 될 수 있을지 궁금했다. 그렇게 조금씩 희망을 품었다.

변화가 바로 일어나지는 않았다. 피해자가 됐다가, 빌런이 됐다가, 히어로가 됐다가를 반복하며 끊임없이 흔들렸다. 시시각각 다른 에너지를 발산했다. 하지만 점차 패배자와 빌런보다 히어로 역할을 더 많이 수행하기 시작했고, 그렇게 삶이 변화했다. 거의 매일 쓰다 보니 글이 점차 나아졌다.

'나는 어떤 사람이 될 수 있을까?' 이 질문 하나로 마음의 변화가 시작되었다. 내가 작가가 될 가능성이 있다는 것, 의미 있는 일을 할 수 있다는 것. 이를 아는 것만으로도 위험을 무릅쓰고 도전할 용기가 생겼다.

훌륭한 사람들 역시 처음에 '내가 무엇이 될 수 있을까?' 혹은 '내가 무엇을 이룰 수 있을까?'라는 질문으로 시작했다. 그렇게 기타를 집어 들었고, 컴퓨터에 트랜지스터를 꽂았으며, 로켓 엔진 끝에 달린 노즐의 폭을 좁게 만들었다. 그렇게 세상을 바꾸었다.

나는 이 책을 통해 히어로가 가진 특성을 풀어놓을 예정이다. 하지만 혼자 힘으로 히어로의 삶을 살아왔다고 말한다면 그건 거짓말이다. 히어로는 도움을 받는다. 그것도 아주 많이 받는다. 그리고 우리 주변에는 언제나 더 나은 삶의 방식을 보여주는 사람들이 존재한다.

히어로에게는 언제나 조력자가 있다.

히어로를 돕는 조력자

—

엉망진창인 스토리를 고치고 싶다면 먼저 히어로가 패배자나 빌런 에너지를 지나치게 발산하는 건 아닌지 확인해보자. 그런 다음 조력자를 찾아야 한다. 누가 히어로에게 정보를 제공하고 용기를 주는가?

히어로 혼자 힘으론 승리할 수 없다. 히어로가 처음부터 방법을 아는 건 아니다. 그 역시 약점이 있고 변화가 필요하다. 사실 히어로는 패배자 다음으로 약한 캐릭터다. 그래서 작가는 히어로를 돕기 위해 조력자를 보낸다. 요다는 루크가 제다이 기사가 될 수 있도록 도움을 주었고 헤이미치는 캣니스가 헝거 게임에서 승리하도록 도왔다.

나는 작가가 되는 데 필요한 대부분의 도움을 파웰스 서점에서 얻었다. 존 스타인벡의 『소설 일지Journal of a Novel』는 글쓰기의 법칙과 기쁨을 가르쳐주었고, 어니스트 헤밍웨이의 『호주머니 속의 축제』는 책에서 서술의 속도를 조절하는 법을 알려주었다. 애니 딜라드의 『어느 미국인의 유년기An American Childhood』를 통해 글을 시각적으로 표현하는 법을 배웠고, 앤 라모트의 『마음 가는 대로 산다는 것』을 읽고 정직은 곧 용기라는 사실을 알게 되었다.

조력자는 뛰어난 공감 능력과 확신을 가진 캐릭터다. 확신은 그가 겪은 다년간의 경험에서 나온다. 그는 자신의 역할을 명확하게 알고 있으며, 히어로에게 중요한 정보를 제공한다. 또 공감 능력은 그들이 겪은 시련에서 비롯된다. 알다시피 조력자에게도 힘들었던 과거가 있다.

패배자, 빌런, 히어로가 그랬듯 조력자 역시 장애물, 부당함, 비극을 마주해야 했다. 로벤섬 감옥에 갇힌 넬슨 만델라와 청각과 시각을 잃은 헬렌 켈러가 그랬다.

히어로가 시련에 수용적인 태도를 지니며 그를 통해 깨달음을 얻는다면, 시련은 곧 조력자로 거듭날 발돋움이 된다. 조력자는 무엇보다 히어로가 승리를 거두도록 돕는다. 이 토대는 '경험'이다. 어려운 상황을 기회로 바꾼 경험이 있어야 가능한 일이다.

흔히 조력자는 스토리의 주인공이 아니다. 하지만 가장 강하고 가장 유능하며 가장 배려심과 인정이 많은 캐릭터다. 우리는 히어로를 응원하고 빌런을 미워하며 조력자를 존경한다. 대표 조력자 캐릭터인 영화 〈베스트 키드〉의 미야기와 〈킹스 스피치〉의 라이오넬을 떠올려보자. 한 가족에게 더 나은 삶을 선사한 메리 포핀스도 있다.

나에게는 조력자가 되는 것이 인생에서 가장 의미 있는 변화다. 처음 이 책을 쓰던 당시 내 아내 벳시는 첫 아이를 임신 중이었다. 곧 아빠가 된다고 생각하니 조력자가 어떤 특성을 가지는지 더욱 궁금해졌다. 우리는 다음 세대에게 삶에 대한 성찰을 전수해 그들이 더 의미 있는 삶을 살기를 바란다. 무엇을 만드느냐보다 무엇이 되느냐에 삶의 초점을 두고 스토리를 써나간다면 어떨까? 사람들이 장례식장을 찾아 내가 이룬 성과보다 그동안 내가 베푼 선행을 이야기한다면 그 삶은 얼마나 의미 있을까?

누군가를 위해 희생하는 일은 가치있다는 것, 이것이야말로 삶이 우리에게 주는 교훈이 아닐까 싶다. 이것이 조력자의 본질이며 히어로가 나아가야 할 방향이다.

스스로 뿌듯한 삶을 살고 싶다면

—

삶은 우리에게 스토리를 쓰라고 부탁하지 않는다. 강요한다. 이는 거부할 수 없는 진실이다. 신은 우리의 의지와는 상관없이 우리에게 생명의 숨결을 불어넣었다. 우리는 태어나자마자 울음을 터트리며 세상의 공기를 들이마신다. 그 공기로 무엇을 하느냐에 따라 우리의 스토리가 달라진다. 원치 않는 삶을 한탄하거나 자신이 가진 조건을 원망할 수도 있다. 하지만 패배자가 되어 한탄만 하며 스토리를 쓴다면 그 스토리는 엉망이 되고 만다. 원망은 우리를 빌런으로 살게 할 뿐이다.

우리는 우리만의 스토리를 써야 한다. 이는 피할 수 없다. 피하려 든다면 사는 게 고통일 것이다.

스토리라인을 유심히 들여다보면 의미 있는 삶으로 가는 길이 보인다. 그 길은 우리를 히어로의 여정으로 안내하고 더 나아가 조력자가 되도록 이끈다. 히어로의 여정을 보여주는 수많은 책은 어떻게 하면 의미 있는 삶을 살 수 있는지 이야기한다. 하지만 그 여정의 실제 과정을 자세히 보여주는 책은 드물다.

훌륭한 스토리일수록 울림을 주는 디테일이 숨겨져 있듯, 우리의 삶도 구석구석 의미로 가득 찰 수 있다. 하지만 가치 있는 스토리에는 몇 가지 규칙이 있다. 좋은 이야기는 오래된 원칙을 바탕으로 만들어진다. 작가가 이를 지키지 않으면 내용 전개가 삐걱거릴 수밖에 없다. 도중에 너무 지루해서 더 이상 책장을 넘기고 싶지 않았던 경험을 떠올려보자. 삶에 의미를 부여하는 몇 가지 원칙을 대충 훑어만 봐도 우리는 더 나은 인생을 경험할 수 있다.

삶이 조금씩 나아지기 시작하자 나는 삶에 변화를 가져온 원칙에 주목했다. 15년 동안 라이프 플랜을 세우고 매일 아침 데일리 플래너를 쓰며 의미 있는 삶을 계속 유지해왔다. 물론 모든 일이 완벽하진 않았다. 늘 행복했던 것도 아니다. 하지만 라이프 플랜을 세우고 데일리 플래너를 작성한 지난 15년간 매일 아침 오늘은 어떤 삶이 펼쳐질지 궁금했다. 그동안 책을 쓰고 회사를 차리고 평생 함께할 반려자도 만났다.

누구나 사는 게 항상 즐겁진 않다. 나 역시 계속해서 억울한 일과 힘든 일들을 겪는다. 그러나 삶은 그자체로 아름다운 경험이라는 것을 안다. 지금 우리는 그 경험을 하고 있다. 삶에 대해 아무런 감정을 느끼지 못하는 것만큼 비극이 있을까? 아침에 눈을 뜰 때마다 운명이 내 편이 아니라는 생각에 사로잡힌다면 껍데기 속에 갇혀 사는 것과 같다.

운명이 우리의 스토리를 쓴다는 말은 거짓말이다. 운명을 탓하며 괴로워하지 말고 운명과 손을 잡고 신이 준 능력으로 나만의 스토리를 만들어보자. 그 이야기는 매우 흥미롭고 의미 있을 것이다.

이제 그 방법을 소개하고자 한다.

변화가 시작되는 단순한 지점

불행했던 시절, 나는 내 삶이 나아질 거라고 생각하지 않았다. 일상에 체계와 규칙적인 리듬이 필요하다는 충고도 거부했다. 그 결과 엄청난 희생을 치렀다. 삶의 주도권이 내게 있다는 사실을 무시한 결과 나는 10년간 한 발짝도 나아가지 못했다. 그때로 다시 돌아갈 수 있다면 좀 더 진지하게 내 삶을 들여다보고 싶다. 특히 글 쓰는 일에 일종의 규칙을 정하고 싶다.

과거의 나는 분위기에 휩쓸려 살았다. 기분이 내킬 때만 글을 썼다. 온종일 포클랜드의 이 카페 저 카페를 배회했다. 헤드셋을 쓰고 음악을 들으며 영감을 떠올리려 한껏 감정을 잡았다. 글 쓰는 데 필요한 감정을 끌어올린답시고 가만히 앉아 사흘을 보낸 적도 있었다.

호손에 있는 커먼그라운드 커피숍의 의자가 생각난다. 어느 날 아침, 그 의자에 앉아 글을 쓰는데 그날따라 진도가 잘 나갔다. 나는 그 의자에 앉아야 좋은 영감이 떠오른다고 믿었다. 그 뒤로 2주 넘게 매일 아침 그곳에 갔다. 누군가 그 의자에 앉아 있으면 옆 타코 가게의 창가 자리에 앉아 아침을 먹으며 자리가 날 때까지 기다렸다.

이런 모습이 마치 평범한 작가의 삶처럼 들릴지 모르겠다. 하지만

'진짜' 작가는 이렇게 살지 않는다. 스티븐 킹이나 제임스 패터슨 등 위대한 작가 몇몇은 글쓰기를 일종의 규칙으로 여긴다. 그들은 사무직에 종사하는 직장인처럼 정해진 시간에 출근해서 책을 벽돌처럼 쌓아놓고 일한다.

글을 쓰기에 마땅한 분위기를 찾아 이리저리 떠돌던 나는 패배자 마인드에 사로잡혀 있었다. 패배자는 외부의 힘에 휘둘린다. 포틀랜드에 살던 시절 내 삶은 감정의 파도에 이리저리 휘둘렸다. 그나마 책 한 권을 끝낸 것도 놀라운 일이다.

다시 한번 말하지만 히어로는 생각만큼 강하지 않다. 도움이 필요할 때 나서지 않고, 자신에 대한 확신이 없으며, 종종 도전이 주어질 때 잘 해내지 못한다.

그러나 히어로는 여정에 참여한다. 빌보『호빗』의 주인공—옮긴이는 샤이어를 떠났고, 율리시스는 항해에 나섰으며, 로미오는 줄리엣을 만나기 위해 담장을 넘었다. 히어로가 발걸음을 떼면 어느 순간 등장인물들은 패배자, 히어로, 빌런, 조력자로 분명하게 나누어진다.

뭐라 설명하긴 어렵지만, 룸메이트들과 갈등을 겪으며 힘들었던 그 시절 나에게 히어로의 씨앗이 뿌려졌다. 나는 달라져야 했다. 내 삶을 진지하게 받아들이고 일정한 규칙을 만들어야 했다. 자신의 삶과 스토리에 책임을 질 때 변화가 시작된다. 자신에게 주어진 환경을 있는 그대로 받아들이고 용기 있게 마주할 때 진정한 히어로가 될 수 있다.

물론 쉬운 일은 아니다. 나 역시 정해진 체계를 받아들이기가 어려웠다. 스스로 패배자라고 생각했기 때문이다. 하지만 핑계일 뿐이다. 히어로 마인드라면 핑계를 대지 않는다. 핑계야말로 삶이 변하지 않는 가장 큰 이유다. 자신을 패배자로 여기는 사람은 자신이 무력하다고 믿기 때문에 아무것도 도전하지 않는다.

물론, 문제는 패배자의 마인드셋이지 실제로 피해를 당한 사람이 아니다. 실제 피해자는 희망을 품기가 어렵다. 20대의 나는 피해자나 패배자가 아니었다. 그저 피해를 봤다고 생각하고 싶었을 뿐이다. 그래야 아무것도 하지 않을 수 있었으니까.

나는 신에게 도와달라고 기도하고, 도와주지 않으면 원망했다. 내가 나서서 무언가를 해볼 생각은 하지 않은 채 말이다. 하지만 신은 스스로 돕는 자를 돕는다. 나는 사실 진짜 패배자가 아니었다. 그저 스스로 그렇게 생각했을 뿐이다.

나를 결정하는 힘

—

심리학자들은 어떠한 결과에 대한 이유를 외부의 힘에 의한 것이라 여기는 믿음을 '외적 통제 소재External Locus of Control'라고 부른다. 어떤 일에 대한 이유가 자신의 능력이나 노력에 달려 있다는 내적 통제 소재를 가진 사람은 스스로 운명을 통제할 수 있다고 믿지만, 외적 통제 소재를 가진 사람은 아무것도 할 수 없다고 믿는다.

이는 사실 현대인이라면 누구나 쉽게 겪을 수 있다. 심리학자들은 외적 통제 소재를 높은 불안감, 극심한 우울감, 저임금, 단단하지 못한 인간관계와 연관 짓는다. 이에 반해 내적 통제 소재는 강한 소속감, 낮은 우울감, 고임금, 끈끈한 관계와 관련 있는 것으로 나타났다.

이러한 통제 소재와 심리 간의 연관은 일리가 있다. 삶을 통제할 수 있다고 믿지 않는 사람은 허울만 좋은 뒷좌석에 앉아 '운명'이 도로를 벗어날 때 모른 척한다. 자신이 운전자로서 삶을 원하는 방향으로 몰고 갈 수 있다는 사실을 알지 못한다.

물론 우리가 삶의 모든 면을 통제할 수 있는 것은 아니다. 빗속에 서 있을지 말지는 결정할 수 있겠지만 비를 멈추게 할 수는 없다. 관계 또한 마음대로 안 풀리는 일이 부지기수다. 무엇보다 건강한 관계를 원한다면 적어도 누군가를 통제하려 들면 안 된다. 그뿐만이 아니다. 출생 시기와 장소는 물론, 키, 목소리까지 어느 것도 우리 마음대로 할 수 없다.

어떤 사람은 자기가 가진 일부 조건 때문에 삶을 아예 통제할 수 없다고 착각한다. 기업인, 정치인, 심지어 몇몇 종교 지도자는 이 점을 이용해 군중을 현혹하기도 한다. 교묘한 지도자는 문제가 발생했을 때 우리 잘못이 아니라며 우리를 위로하는 척하고, 자신을 믿고 따른다면 괜찮을 거라고 꼬드긴다.

사회과학자들은 통제와 힘의 역동성을 설명하기 위해 '행위 주체성 agency'이라는 용어를 사용한다.

행위 주체성은 스스로 선택할 수 있는 능력을 말한다. 우리는 모두 행위 주체성을 가지고 있다. 비록 사회적 계층, 종교, 능력과 같은 요소로 인해 행위 주체성이 불공평하게 작동할 수도 있지만, 그 누구도 행위 주체성을 완벽히 제한할 순 없다. 사실 매우 행복한 사람들은 어떤 환경에 있든 누구나 엄청난 행위 주체성을 가졌다는 비밀을 알고 있다. 따라서 일련의 상황에 우리가 어떻게 반응하느냐가 스토리 전개에

극적인 영향을 미친다.

 과거를 잘 더듬어보면, 자신이 행위 주체성을 언제 저버렸는지 알수 있다. 나는 행위 주체성을 꽤 어렸을 때부터 포기했다. 두 살 때 아버지가 우리 곁을 떠났고, 어머니는 일터로 나갔다. 대학을 나오지 않은 어머니는 정유 공장에서 보조로 일했다. 어머니가 아침 일찍 일을 나가면 누나와 나는 꿰맨 옷을 입고 걸어서 학교에 갔다. 나는 음식을 먹으며 외로움을 달랬고, 특히 설탕이 든 것이면 무엇이든 먹었다. 결국 학교에서 가장 뚱뚱한 아이가 되었다. 그러다 보니 놀이터에 나가면 괴롭힘을 받기 일쑤였다.

 괴롭힘을 당할 땐 두 가지 방법이 있다. 맞서 싸우거나, 바닥에 엎드려 죽은 척하거나. 나는 후자를 택했고 그 선택은 대체로 효과가 있었다. 아무것도 하지 않으면 아무도 건드리지 않았다. 그 덕에 나는 무기력하게 사는 법을 배웠다. 여기서 문제는 내가 아무것도 할 수 없다는 거짓말을 진짜라고 믿은 것이다.

 분명 힘든 시기였지만, 한편으론 감사한 마음도 든다. 이러한 과거를 겪은 덕분에 히어로로 살면 얼마나 놀라운 변화가 일어나는지를 알게 되었으니까. 모든 스토리에는 캐릭터가 나뉘는 지점이 있다. 패배자 캐릭터는 자신이 무력하다고 믿고 그에 따라 행동한다. 그러나 히어로 캐릭터는 패배자와 똑같은 일을 겪더라도 자신의 행위 주체성을 믿고 극복하고 일어선다.

 나는 행위 주체성을 받아들이는 데 오래 걸렸다. 그 점이 후회스럽다. 변화 가능성을 좀 더 빨리 알았더라면 지나간 많은 시간을 허비하지 않았을 테고, 환경을 극복하고 일어섰다면 10대와 20대를 좀 더 즐길 수 있었을 것이다.

사실 가난하다고 해서, 뚱뚱하다고 해서, 친구들에게 무시당한다고 해서 무력해질 필요는 없었다. 그때도 지금처럼 내게 주어진 환경에 자부심을 느꼈더라면 좋았을 것을. 어머니는 성실하게 일했고, 몸이 부서져라 일한 뒤에도 뜬눈으로 밤을 새우며 옷을 꿰매줄 만큼 우리를 사랑했다. 상황이 힘들게 느껴져도 마음만 먹으면 강해지는 법을 배울 수 있다. 나는 그 마음을 먹기까지 오랜 시간이 걸렸다.

당신은 진짜 패배자인가

—

진짜 피해자는 따로 있는데도, 나는 왜 스스로 피해를 본 패배자라고 생각하며 시간을 보냈을까?

내 아내는 '레스큐프리덤Rescue Freedom'이라는 단체의 의장으로 일하고 있다. 레스큐프리덤은 인신매매로부터 탈출한 사람들이 안정을 찾고 트라우마를 극복해 의미 있는 삶을 살도록 돕는 단체다. 진짜 피해자는 레스큐프리덤이 돕는 아이들이다. 그 아이들을 생각하면 한때 무기력에 빠져 허우적댔던 내 모습이 부끄러워진다. 사실 레스큐프리덤이 돕고 있는 사람들을 피해자라고 칭하는 건 틀린 말이다. 그들은 '생존자'로 불린다. 말 그대로 살아남았기 때문이다. 이 아이들은 강하다. 억압에 맞서 일어서기 위해 조력자의 도움이 필요한 히어로이며, 밝고 빛나는 미래를 가진 주인공이다. 결코 동정의 대상이 아니다.

진짜 피해자가 자유를 얻으면 쉽게 히어로가 될 수 있다. 세상의 억

압과 시련을 몸소 겪으며 용감하게 살아남았기 때문에 가장 확실하게 변화를 도모한다. 내가 가장 좋아하는 철학자 빅터 프랭클이 바로 그 표본이다. 그는 순전히 의지 하나로 히어로 에너지를 끌어모아 놀라운 스토리를 써 내려갔다.

1930년대, 프랭클은 로고테라피라는 치료법으로 자기 자신을 패배자라고 생각하는 사람들이 의미 있는 삶을 경험할 수 있도록 도왔다. 로고테라피는 '의미 치료'라고도 불린다. 그는 이 치료법을 이용해 자살 충동을 겪는 환자들을 돌봤고, 효과가 있었다. 많은 환자가 프로젝트를 수행하고 지역사회 활동에 참여하며 긍정적인 변화를 경험했다. 프랭클은 환자들이 스스로 행위의 주체라는 사실을 깨닫도록 도왔다.

힘들고 괴로운 삶에도 의미가 있다는 프랭클의 이론은 그의 삶으로 검증되었다. 1938년, 나치가 빈을 침공했을 당시 프랭클은 자신의 이론에 관해 열심히 책을 쓰고 있었다. 유대인이었던 프랭클은 수용소에 끌려갔다. 끌려가기 전 그의 아내 틸리는 그가 계속 책을 쓸 수 있도록 코트 안감에 원고를 꿰매 주었다. 하지만 강제 수용소에 입소한 첫날 코트와 원고를 압수당했고, 그 바람에 원고가 분실되었다. 이후 첫 아이를 임신 중이던 틸리는 나치에 의해 배 속의 아이와 함께 죽임을 당했다. 그리고 이어진 부모님의 부고에 프랭클은 깊은 실의에 빠져 자살까지 생각했다. 그럼에도 그는 살아야 할 이유가 있을 거라고 생각했다. 그는 삶을 통제할 수 있는 행위 주체성이 아직 자신에게 있다고 믿으며 머릿속으로 다시 원고를 쓰기 시작했다. 강제 노동과 죽음이 도사리는 상황에서도 자신에게 남아 있는 행위 주체성을 빼앗기지 않으려고 애썼다.

다른 수용자들이 아무리 동물 취급을 받더라도 살아가는 것이 의미 있다는 그의 생각에 이의를 제기하자, 프랭클은 이렇게 말하기도 했다. "우리가 우리의 스토리를 전하고 세상이 그 스토리를 들어야 세상에 반드시 막아야 할 악이 존재한다는 사실을 알게 될 것이다."

빅터 프랭클은 수용소에서 기적적으로 살아남았다. 이후 이곳저곳을 돌며 어려움에 직면한 사람들에게 삶이 얼마나 깊은 의미가 있는지 이야기했다. 절망에 빠진 사람들에게 삶의 스토리를 다시 써가라고 용기를 주었다. 세상의 빛과 어둠 속에서 삶은 여전히 아름다우며 우리가 그 아름다움에 일조할 수 있다고 강조했다.

그는 원고를 정리해 책으로 발표했다. 그의 대표작 『죽음의 수용소에서』는 현재 1600만 부 이상 팔렸을 것으로 추정된다. 프랭클이 전하는 생각의 핵심은 개인이 가진 행위 주체성이다. 삶의 의미를 믿고 안 믿고는 개인의 선택이며 더 큰 목적을 위해 삶을 체계화하여 의미를 경험하는 것 역시 개인의 선택이라고 주장한다.

나는 패배자에서 히어로로 바뀌는 데 누구보다 빅터 프랭클의 도움을 많이 받았다. 또 다른 학자 조지프 캠벨의 책 역시 긍정적인 영향을 주었다. 캠벨의 책 덕분에 스토리의 요소와 그 요소가 삶에 어떻게 작용하는지 이해할 수 있었다. 하지만 히어로의 삶을 살게 해준 건 무엇보다 프랭클의 로고테라피다.

패배자의 마음가짐이 어떤 결과를 초래하는지 깨닫고 난 후 나는 좀 더 큰 목표를 가지고 글을 쓰기 시작했다. 기분과 상관없이 아침 시간을 할애해 글을 쓰기로 마음먹었다. 당시 나는 내 삶을 명확하게 구조화하진 않았지만, 작가가 되기로 결심했고 매일 열심히 글을 썼고 마침내 책을 출간했다. 첫 번째 책이 베스트셀러가 되면 내 삶이 완전히 변할 거라고 믿었다. 하지만 나의 첫 책은 37권밖에 팔리지 않았고 그나마 20권도 어머니가 구입했다. 실패였다.

히어로가 좌절을 겪지 않으면 스토리는 지루해진다. 좌절과 도전은 우리를 변화시킬 유일한 요소다. 물론 당시에는 그 사실을 알지 못했다. 책의 실패로 나는 또 다른 유혹을 맞았다. 패배자를 낚는 미끼가 내 앞에 어른거렸다. 내게 재능 따윈 없다고 생각하기도 했다. 아무도 읽고 싶어 하지 않은 편지를 세상에 띄우며 1년을 보낸 것이니까. 실패했다고 생각했고 그래서 화가 났다. 하지만 그저 내가 할 수 있는 일을 했다. 마음을 다잡고 다시 글을 썼다. 운명이 내게 베스트셀러 작가 타이틀과 오프라 윈프리와의 저녁 식사를 빚졌다고 생각했다.

나는 캐릭터가 나뉘는 또 다른 지점에 다다랐다. 내 앞에 펼쳐진 길이 보이는 것 같았다. 패배자가 될지, 히어로가 될지 선택할 수 있었다. 패배자로 가는 길이 나를 안타깝게 여기며 유혹했다. 하지만 패배자의 스토리가 얼마나 피곤하고 공허한지 알고 있기에 더 좋은 길을 가기로 결심했다. 나는 밝은 면을 보기 시작했다. 아무도 알지 못하는 내 책은 오히려 나를 저녁 파티의 주인공으로 만들었다.

"책을 썼다고? 서점에 가면 있어?"

"진열대엔 없어. 하지만 점원에게 부탁하면 주문은 할 수 있을 거야. 도서관에서 빌려도 되지만 그러면 내가 인세를 못 받아."

나는 다시 글을 썼다. 두 번째 책은 제법 팔렸다. 책이 좀 팔린다고 해서 단숨에 세련된 사람이 되는 건 아니었다. 나는 여전히 과체중이었고, 소심했다. 작가 초청 강연이 끝나고 사인을 받으려고 줄을 선 사람들에게 햄버거 냄새를 풍기며 이름이 뭐냐고 물었다. 몸을 드러내기 싫어서 춥지 않은 날에도 큼지막한 스웨터를 입었고 사람들과 이야기를 나누는 일에는 여전히 젬병이었다. 하지만 어찌 된 일인지 그런 것들이 나를 친근해 보이게 만들었고 독자들은 그런 모습을 좋아했다. 사람들은 '나도 TV를 보며 아이스크림을 마구 먹어대도 언젠간 책을 쓸 수 있겠구나'라고 생각하며 희망에 찬 눈빛으로 나를 바라봤다.

나는 계속 노력했다. 살도 좀 뺐다. 애인도 생겼고, 이별도 맛봤다. 이윽고 규칙을 정해 삶을 체계화하기 시작했다. 프랭클과 몇몇 작가들 덕분에 서서히 뱃살이 줄었다. 스웨터의 배 주변으로 보풀이 생길 만큼 많은 시간을 앉아 고민한 덕분에 내가 무엇을 찾고 있는지 깨달았다. 나는 프랭클이 말한 의미를 찾고 있었다.

의미에 대한 프랭클의 정의는 간단했다. 이어지는 글에서 의미란 무엇인지, 내가 어떻게 의미를 경험했는지 이야기해보려고 한다. 본질적으로 의미란 중요한 무언가를 성취하려는 삶의 스토리에 자신을 던져 넣는 것이다. 도전을 받아들이고 극복하는 것이다.

살이 빠지면서 천천히 패배자 마인드가 사그라들었다. 때로는 좌절도 하고 기분이 수없이 들쭉날쭉했지만, 괜찮았다. 물론 시간은 좀 걸렸다. 첫해 5킬로그램을 빼고 다음 해 다시 2킬로그램이 쪘다. 살이 다 빠질 때까지 계속 큼지막한 스웨터를 입었다.

의미는 변하지 않는다. 당신에게 행위 주체성이 있음을 받아들이고 행동 통제의 힘을 외부에서 내부로 옮기자. 일부러라도 그렇게 해보자. 그러면 의미를 경험할 수 있다. 목표를 세우고 장애물을 넘자. 타자기에 새 종이를 넣자. 아침에 일어나 플롯을 전개해보자. 라이프 플랜과 데일리 플래너를 쓰는 데 집중할수록 나는 달라졌다.

세 번째 책을 쓸 때, 나는 비로소 진정한 의미를 느꼈다. 떨리는 마음으로 이상형에게 말을 건네면서 의미를 느꼈다. 강아지를 입양하면서, 산을 오르면서, 카약을 배우면서 의미를 느꼈다.

내가 무슨 말을 하려는지 당신도 알 거라고 믿는다. 의미를 경험하려면 자신이 행동의 주체라는 사실을 받아들이고 목적을 가지고 살아야 한다. 한마디로 말해 계획을 세우면 의미를 경험할 수 있다.

나는 삶과 글쓰기의 규칙이 같다는 사실을 깨닫기 시작했다. 캐릭터가 원하는 게 없고 도전에 직면하지 않으며 어렵고 힘든 일은 피하고 성장하지 않으려 한다면 그 이야기는 재미없다. 삶도 마찬가지다. 아무것도 원하는 게 없고 도전하지 않으며 어렵고 힘든 일은 피하려든다면 인생에 재미가 없다.

나 역시 삶과 스토리의 규칙을 온전히 다 아는 건 아니다. 지금도 계속 알아가는 중이다. 하지만 내 삶을, 특히 내 태도를 결정하는 건 나라는 사실은 분명하게 안다. 행위의 주체가 나라는 것도. 내 삶은 천천히 완성되기 시작했다.

삶은 무의미하지 않다

—

세 번째 책을 쓰던 그해 말 친구의 친구가 내게 글쓰기에 관해 함께 논의할 수 있는지 물었다. 그 친구는 출판 경력이 없는 작가 지망생이었는데, 내 책 가운데 하나를 읽고는 출판 과정을 알고 싶어 했다. 잠시 얘기를 나누고 난 뒤 나는 그가 허무주의자라는 사실을 깨달았다. 그는 삶의 의미 같은 건 없다고 생각했다. 그가 산다는 게 얼마나 힘든 일인지 철학적이고 시적인 표현을 써가며 거들먹거리기에 말을 가로채며 물었다.

"사는 게 무의미하지 않다면 어떨 것 같아?"

"무슨 말이야?" 그가 물었다.

"음, 사는 게 의미 있고 특정한 방식으로 살면 그 의미를 경험할 수 있다고 하면 어떨 것 같냐는 말이야. 네가 생각하는 것처럼 변증법으로는 답을 얻을 수 없다면 어떨 것 같아?"

"자세히 설명해봐."

나는 그때 그런 식으로 말하지 말았어야 했다. 하지만 내뱉고 말았다.

"삶 자체가 의미 없는 게 아니라 네 삶이 의미 없는 거라면 어떨 것 같아?"

우리의 관계는 거기서 끝났다. 하지만 방식이 잘못됐을 뿐, 내가 틀렸다고 생각하지 않는다.

삶이 한 편의 스토리라면 어떨까? 당신과 내가 마음이라는 극장에 앉아 눈이라는 카메라를 통해 영화를 관람 중이고 우리의 결정에 따라 스토리가 결정된다면 어떨 것 같은가? 운명이 시나리오를 쓴다면 그 영화는 무의미하다. 하지만 내가 주체가 되어 내 인생을 만들어갈 때 삶은 의미로 가득 찬다.

내 설명이 그 친구에게는 충분치 않았던 것 같다. 그 친구는 아마 삶의 의미를 경험하기보다 확인하고 싶었던 게 아닐까 싶다. 나는 시간이 갈수록 의미는 경험하는 것이지 확인하는 게 아니라는 걸 깨달았다. 나의 목적의식이 왜 커졌는지, 왜 매일 아침 삶에 관심을 기울이게 되었는지는 설명하기 어렵다. 하지만 나는 삶의 의미를 느낄 수 있었다.

의미는 스토리를 구상하고 구상한 스토리에 따라 살아가는 것과 관련이 있다. 즉 히어로가 되어 미션을 수행하는 것과 연결된다.

수많은 사람이 고등학교나 대학교 졸업처럼 삶의 어느 한 시절이 끝날 때마다 텅 빈 마음이라는 극장에 앉아 엔딩 크레딧이 올라가는 것을 보며 운명이 다음 스토리를 말해줄 때를 기다린다. 하지만 성인이 되면 부모님, 선생님, 사회가 우리가 무엇을 해야 할지 더 이상 말해주지 않는다. 우리 스스로 비전을 세워야 한다.

마음 극장에 앉아 다음에 일어날 일을 기다리는 불안한 상태를 '스토리의 공백'이라고 부르려고 한다. 즉 자기 삶의 스토리가 재미없어서 더는 관심이 없는 상태다. 많은 사람이 그렇게 살고 있다. 참 슬픈 일이다. 나는 언젠가부터 이 같은 사실을 깨닫기 시작했다. 그리고 지난 20년간 더욱 확실히 알게 되었다. 내 삶도 다른 사람 못지않게 힘들며, 늘 행복하지는 않다. 하지만 삶이 의미 있냐고 묻는다면 분명하게 '그렇다'고 답할 수 있다.

대부분의 스토리가 잘 풀리지 않는다. 작가가 한 작품을 만들기 위해 쓰레기통에 버린 원고는 수천 페이지에 달할 것이다. 아닌 건 아닌 거다. 삶도 그렇다. 모든 날이 다 좋을 순 없다. 하지만 내가 노력한 것들은 대부분 잘 풀렸다. 결혼과 태어날 아기, 책과 회사, 그리고 우리 집까지. 내가 선택한 삶의 스토리가 나를 변화시켰다. 이제 나는 예전의 내가 아니다.

어려운 일에 도전하는 캐릭터는 변모한다. 당연하다. 예전의 모습으로는 시련을 이겨낼 수 없으니까. 변화하기 위해서는 강해지고 겸손해지고 유연해지고 현명해져야 한다. 장벽을 뛰어넘으려면 이전과 같아서는 안 된다. 우리는 변화에 따른 시련을 겪으며 의미를 경험한다. 이 과정을 말로 설명하기는 어렵지만, 나 역시 어느 순간부터 느끼기 시작했고 지금도 느끼고 있다.

패배자로 살면 삶의 깊은 의미를 경험하지 못한다. 중요한 임무를 수행하는 히어로로 살아야 의미를 경험할 수 있다. 그렇다면 어떻게 해야 자신에게 행위 주체성이 있다는 사실을 받아들이고 의미를 경험할 수 있을까? 이제 그 문제에 대해 살펴보기로 하자.

삶의 스토리를 쓰기 전
지켜야 할 규칙

나는 오랜 시간 '의미'란 일련의 신념을 갖추고 있어야만 경험하는 철학적 개념이라고 생각했다. 하지만 이제는 아니다. 솔직히 신념을 가졌다고 해서 의미를 경험한다고 생각하진 않는다. 나는 이제 의미란 직접 움직여 경험하는 것이라고 생각한다. 좀 더 정확히 말해 특정 상황에서 경험하는 감정적 상태를 말한다. 그리고 그 상황은 우리 스스로 비교적 쉽게 만들 수 있다.

의미를 경험하고 싶다면, 자리에서 일어나 확신을 가지고 목표물을 가리키며 가치 있는 이야기를 만들기 위해 도전하기로 마음먹으면 된다. 의미는 그렇게 도전 중에 경험하는 것이다. 따라서 패배자는 깊은 의미를 경험하지 못한다. 패배자는 행동하지 않기 때문이다. 그들은 무언가를 성취하거나 새롭게 건설하려 하지 않는다. 자신은 아무것도 할 수 없다고 생각한다. 그래서 내가 패배자로 살던 시절을 허송세월했다고 생각하는 것이다. 지금 나는 삶의 깊은 의미를 경험하고 있다. 그래서 행복하다.

지난 몇 년간 신학과 철학을 공부했다. 물론 뜻깊은 시간이었지만, 의미를 공부하면 의미를 경험할 수 있을 거란 믿음은 나의 착각이었다. 사랑을 공부한다고 사랑에 빠지진 않는다. 사랑에 빠질 만한 상황에 놓여야 빠질 수 있다. 펜을 들고 스토리를 써 내려가야 의미를 경험할 수 있다. 그런데 그 스토리를 직접 쓸 수 있다니 얼마나 반가운 소식이란 말인가. 다름 아닌 바로 내가 내 삶의 스토리를 쓸 수 있다.

여기서 한 가지 의문이 떠오를 것이다. 깊은 의미를 경험하기 위해 우리가 지켜야 할 규칙이 있을까?

한 페이지의 끝을 앞두고 있다면

—

앞에서 언급했듯, 나는 빅터 프랭클의 열렬한 팬이다. 수년간 그의 작품에 대해 언급하고 글로 써왔다. 15년 전 어느 날, 나는 처음으로 빅터 프랭클의 책을 읽었다. 그는 내 삶을 극적으로 바꿔놓은 구세주다.

15년 전 나는 친구 몇몇과 아메리카대륙 횡단 자전거 여행을 떠났다. 우리는 L.A.에서 출발해 델라웨어에서 여정을 마무리했다. 여름이 꼬박 걸렸다. 당시는 내가 패배자에서 히어로로 변모하기 시작한 때였다. 막 패배자 가면을 벗고 달라지려던 참이었다. 자아가 패배자 마인드에서 히어로의 마인드로 바뀌기 시작했지만 아직은 낯설고 서툰 그런 시기였다. 그럼에도 인생을 똑바로 살려면 행동에 나서야 한다고 생각했다. 몇 권의 책을 출판했고 강한 정신력도 키워냈다. 하지만 몸은 여전히 말을 듣지 않았다. 내가 육체적으로 힘든 일을 감당해낼 수 있는 캐릭터인지 증명하고 싶었다. 그래서 자전거 여행을 신청했다.

자전거 횡단은 몹시 힘들었다. 그 넓은 미국을 엔진도 없이 두 발로 횡단하다니. 그런데 놀라운 건 그 도전이 즐거웠다는 것이다. 7주간 명상을 한 셈이었다. 자전거 페달의 연이은 리듬에 마음이 평온해졌다. 구석구석 끝없이 이어지는 울타리, 달그락달그락 체인 돌아가는 소리에 화들짝 놀라 도망치는 소들. 세상에 닻을 내리고 있다는 기분이 들었다. 사막을 횡단하며 궂은 날씨를 만났을 때도 우리가 그나마 우호적인 괴물들과 세상을 공유하고 있다고 느꼈다.

나와 친구들은 분명 스토리 속에 살고 있었다. 구멍 난 타이어, 우박을 동반한 폭풍, 열사병, 모자란 음식과 물… 열악한 상황에서 매일 160킬로미터씩 달리는 고된 일정이었지만, 잘해낼 자신이 있었다. 의미 있는 여정이었다. 계속 페달을 밟으면 태양이 나타나 우리에게 이제 시련을 이겨낼 사람이 되었다고 말해줄 거라 믿었다. 그렇게 동쪽으로 계속 달렸다.

그런데 마지막 주가 되자 불안한 마음이 들었다. 지난 10년간 반복된 패턴이었다. 도전을 시작할 땐 의미를 느꼈지만, 새 책이 출판되거나 큰 연설을 마치거나 혹은 관계가 형성될 때처럼 이번에도 도전이 끝나고 나면 무너져내릴 것 같았다. 그래서 걱정이 밀려왔다. 무언가를 성취하고 나면 의미가 사라질 것만 같았다. 그것도 아주 빠르게.

의미 있는 성취를 하고 나면 침대에서 나올 수조차 없게 만드는 슬프고 우울한 감정이 엄습한다.

다시 이야기를 시작하다

—

이제 나는 스토리가 끝나고 엔딩 크레딧이 올라가면 새로운 이야기를 시작해야 한다는 사실을 안다.

대륙 횡단 자전거 여행이 끝나던 날, 나는 스토리가 마무리되고 있다는 생각에 불안했다. 여정을 마치기 전날 밤 침대에 누워 델라웨어주까지 자전거를 타고 가 대서양으로 걸어 들어가면 얼마나 멋질까를 상상했지만, 그와 동시에 그곳에 계속 앉아 있고 싶은 마음도 들었다. 타자기에 새 종이를 넣고 또 다른 스토리를 써나가기보다는 새 종이를 바라보며 오래도록 성취감에 취해 있고 싶었다.

델라웨어주에 도착하기 전 우리는 워싱턴 D.C.에서 하루 쉬었다 가기로 했다. 우리는 자전거를 타고 내셔널 몰 주변을 힘차고 빠르게 돌았다. 불과 몇 분 만에 백악관에서 국회의사당을 거쳐 조지타운까지 갔다. 택시와 버스 사이에서 속도를 나란히 맞췄고, 이따금 교차로에 막혀 속도를 내지 못하는 차들을 따라잡기도 했다. 지금껏 그렇게 컨디션이 좋았던 적이 없었다. 그렇게까지 온몸이 짜릿한 기분은 태어나 처음이었다.

바로 그때, 워싱턴 D.C.의 한 서점에서 빅터 프랭클의 『죽음의 수용소에서』를 발견했다.

제목이 강렬했다. 지금 내가 하는 고민에 대해 해답을 줄 것처럼 보였다. 대륙을 횡단하면서 나는 분명 의미를 경험했다. 하지만 여정이 끝난 뒤에도 그 의미를 어떻게 유지할지 방법을 알지 못했다. 나는 돌아가는 비행기 안에서 읽어야겠다고 생각하고 책을 집어 들었다.

다음 날 일정은 전날보다 더 굉장했다. 우리는 세 시간에 걸쳐 75마일을 달렸다. 델라웨어는 평지 면적이 작아서 워싱턴 D.C.에서 출발해 금방 바다에 도착할 수 있었다. 우리는 빠르게 달렸다. 작열하는 태양을 뒤로하고 바람을 가르며 산과 사막을 지났다. 스토리가 막바지에 다다르자 아드레날린이 솟구치고 다리가 더욱 빠르게 움직였다. 대서양을 10마일 앞두고 바다 공기를 만끽하기 위해 헬멧을 벗었다. 우리는 얼싸안고 눈물을 흘렸다. 길 양옆으로 무성하게 자란 풀이 우리를 향해 손짓했다. 대서양, 우주의 욕조같이 거대한 곳. 우리는 자전거를 끌며 바다를 향해 걸었다. 그러곤 모래사장에 자전거를 던져두고 바다로 뛰어들어 한참을 헤엄쳤다.

하지만 그 순간에도 내일, 그리고 다음 날, 그리고 그다음 날 '무의미'라는 이름의 유령이 나타나 나를 괴롭힐 걸 알고 있었다. 쉬어도 괜찮다. 쉬는 건 좋다. 하지만 무턱대고 오래 앉아 있을 순 없다. 도전이 끝나면 새로운 꿈을 꿔야 한다. 귓가에 나지막하게 유령의 목소리가 들렸다.

"의미를 찾고 싶어? 그러면 계속 움직여."

다음 날 집으로 돌아가는 비행기에서 프랭클의 이야기를 읽으며 내가 느끼는 불안감의 이름을 찾았다. 그는 이를 '실존적 공허'라고 불렀고, 한 가지 도전이 끝나면 우리는 마음이라는 극장에 앉아 텅 빈 화면을 바라보는 상태가 된다고 했다. 실존적 공허. 내 상태에 딱 맞는 말 같았다.

나는 많은 사람이 실존적 공허 상태에 있다고 생각한다. 우리는 삶이 지금보다 더 나아져야 하고 흥미진진해야 하며 더 보람차야 하고 더 만족스러워야 한다고 생각한다. 빅터 프랭클이 옳았다. 삶이 주는 기쁨은 일어날 수 있고 일어나야 한다. 지크문트 프로이트가 쾌락을 향한 욕구가 인간 행동에 동기를 부여한다고 주장하며 정신분석을 대중화한 지 20년 후, 프랭클은 프로이트의 의견에 반대를 표했다. 프랭클은 인간은 쾌락이 아닌 의미를 추구하며 의미를 찾을 수 없을 때 쾌락으로 마음을 달랜다고 말했다.

프랭클이 옳았다. 우리는 의미를 찾을 수 없어 불안할 때 쾌락으로 마음을 달랜다. 아이스크림으로 기분을 달랠 순 있어도 근본적인 만족을 느낄 순 없다. 알코올은 거짓 평화를 준다. 욕정은 사랑이 아니다.

의미 있는 삶을 위한 공식

—

프랭클은 의미 있는 삶을 살기 위해 실천할 수 있는 세 가지 공식을 제안했다.

첫째, 일을 만들거나 행동하라.

둘째, 마음을 사로잡고 내면의 자아를 일깨워줄 일을 하거나 그런 사람을 만나라.

셋째, 살면서 겪게 될 피할 수 없는 도전과 시련에 긍정적인 태도를 가져라.

나는 『죽음의 수용소에서』를 읽으며 대륙 횡단 자전거 여행이 가져온 깊은 의미를 곰곰이 생각해보았다. 그리고 그 안에 프랭클이 말한

세 가지 요소가 있음을 깨달았다. 나와 친구들에게는 태평양에서 대서양까지 자전거를 타고 간다는 구체적인 목표가 있었다. 그 과정에서 경이로운 풍경을 감상할 수 있었고 무엇보다 '함께의 가치'를 경험했다. 우리는 해가 질 무렵 조슈아 나무를 가로질러 페달을 밟았고 블루리지 파크웨이의 길고 완만한 능선을 올랐다. 도전과 시련이 이어졌고 하루하루가 고통스러웠다. 하지만 그만한 가치가 있었다. 함께 도전하고 시련을 나누는 과정에서 끈끈한 유대감을 느꼈고 그것이 우리를 더 강하게 만들었다.

내가 그동안 완성한 책이나 프로젝트처럼 자전거 여행에는 작은 스토리가 담겨 있었다. 자전거를 타고 달리는 우리는 미션을 수행 중인 히어로 같았고, 프랭클이 말한 로고테라피 속에 던져져 깊은 의미를 경험했다.

나는 의미를 경험한다고 해서 그 의미가 유지되는 건 아니라는 큰 깨달음을 얻었다. 세 가지 요소 중 어느 하나라도 사라지면 의미 역시 사라져 실존적 공허 상태로 돌아간다. 하지만 많은 사람이 어렵지 않게 다시 의미를 경험할 수 있다는 사실을 모른 채 그대로 실존적 공허 속에 살아간다. 그저 다시 작은 스토리를 만들어 그 스토리에 마음을 쏟으면 되는데 말이다.

당신이 살면서 가장 불안하고 힘들었던 때를 생각해보자. 집중이 필요한 프로젝트에 푹 빠져 있었던가? 주변 풍경과 사람들의 아름다움에 매료되었던가? 힘들긴 했어도 그동안의 시련이 당신의 삶을 풍요롭게 만들었다는 게 느껴졌던가?

세 가지 요소 가운데 어느 하나라도 없다면 의미는 메말라버리고 당신은 배 주변에 생긴 스웨터 보풀이나 쥐어뜯으며 '나는 왜 여기 있는가?', '인생은 왜 이리 공허한가?'라는 어리석은 질문을 던지게 될 것이다. 프랭클의 공식에 따르면, 의미란 일을 하고 무언가 혹은 누군가에 매료되고 시련을 겪어야 얻어진다. 살면서 우리는 시도 때도 없이 프랭클의 공식을 마주한다.

내가 원할 때 언제든 의미를 만들 수 있다는 사실이 내겐 엄청난 깨달음이었다. 요컨대 우리는 언제든 의미를 만들 수 있다. 할 일을 정하고, 예술과 자연, 그리고 사람이 가진 아름다움에 마음을 열고 피할 수 없는 시련 속에서 긍정적인 면을 찾는다면 깊은 의미를 경험할 수 있다.

의미는 어떤 감정일까

—

내게 의미는 기쁨이나 즐거움이 아니었다. 나는 의미를 경험하는 중에도 수없이 힘든 날을 보냈다. 의미는 기쁨이나 즐거움 그 이상이다. 마치 목적과도 같다. 나는 의미를 경험할 때 내가 중요한 스토리의 중요한 캐릭터가 된 것 같은 기분이 든다. 왜 그런지 이유는 잘 모르겠지만, 그건 중요치 않다. 의미를 경험할 때 나는 내 삶이 재미있고 유익한 한 편의 스토리 같다고 느낀다.

많은 사람이 삶의 의미를 증명하기 위해 종교적, 철학적 사고에 의존한다. 그러나 스스로 스토리를 시작하지 않으면 의미를 경험할 수 없다. 교회를 다니는 사람 역시 예배를 본 뒤에도 집에 돌아가 불안해한다. 왜 그럴까? 의미를 찾으려고 했지만 찾지 못했기 때문일 것이다. 행동으로 옮기지 않으면 의미를 경험할 수 없다. 심지어 예수님도 '나를 이해하라'가 아니라 '나를 따르라'라고 했다. 의미를 경험하려면 행동해야 한다.

나는 의미란 철학적으로, 또는 신학적으로 경험하는 게 아니라고 생각한다. 종교와 상관없이 누구나 기쁨과 사랑을 느끼듯 의미 역시 누구나 경험할 수 있다. 의미는 누군가와 입장을 같이한다는 개념이 아니다. 의미는 히어로가 되어 행동할 때 느끼는 감정이다. 행동하지 않고 스토리를 써나가지 않으면 경험할 수 없다.

의미를 어떻게 만들지 그 방법을 깨닫고 난 뒤부터는 이미 이를 경험하고 있는 사람을 만나는 일이 즐거웠다. 나는 그런 사람들을 한눈에 알아볼 수 있었다. 그들은 가족을 꾸리고 회사를 운영하고 팀을 이끌었다. 책을 쓰고 앨범을 녹음하고 전시회를 위해 작업 중이었다. 행동하고 있었고 무언가를 창출하고 있었다.

그뿐만이 아니다. 그들에겐 도전 의식과 야망이 있었다. 그들은 패배자가 아니었다. 시련이 삶의 일부라는 사실을 알았고 그를 통해 더 나은 모습으로 발전할 수 있다는 것도 알았다. 우리는 모두 고난을 겪는다. 그렇다면 이를 통해 성격과 인생관을 바꿔보는 건 어떨까?

마지막으로, 의미를 경험하는 사람들은 자아도취에 빠지지 않는다. 그 대신 미술, 음악, 자연 등 세상의 아름다움에 매료된다. 자기 일에 몰두하고 그것이 세상에 가져올 변화에 집중한다.

의미를 경험하는 사람들은 무언가를 창출하고 세상에 도움을 주는 캐릭터다. 이 과정을 통해 달라졌고, 그래서 의미를 경험했다. 내가 좋아하는 '내 사람들'은 나와 종교적 사고나 정치적 입장을 같이하는 사람들이 아니다. 바로 자신의 스토리를 만들어가는 사람들이다.

일단 경험하기로 결심하라

—

어느 순간부터 나는 삶의 설계에 살짝 집착하며 좀 더 전략적으로 살기 시작했다. 작가가 이야기를 구상하듯 삶을 구상했다. 작가가 주인공에게 목적을 부여하듯이 내 삶에 목표를 정하고, 도전하고, 실수를 통해 배웠다. 그리고 매일매일 아주 사소한 것이라도 삶의 스토리에 담으려고 노력했다. 의미를 경험하며 살기 위해 최선을 다했다.

물론 모든 게 완벽하게 돌아가지는 않았다. 앞서 말했듯 우리는 삶의 모든 면을 통제할 수 없다. 하지만 행동할수록 행운이 찾아왔다. 나는 프로젝트를 지휘했고 갈등을 대하는 태도를 바꾸었으며 공동체를 만들어 이끌었다. 일정표에 맞춰 아침 일찍 일어났고 글을 썼다. 나는 목적 있는 삶을 살았다. 그리고 그때 알았다. 가만히 있으면 삶은 다가오지 않는다는 것을. 행동하지 않는 사람에게 기회는 오지 않는다.

책 후반부에 소개하겠지만, 나는 좀 더 쉽게 의미 있는 삶을 살기 위해 라이프 플랜과 데일리 플래너를 만들었다. 작가가 이야기의 전체 틀을 구상하듯 나는 삶 전반을 계획한다. 책의 내용이 생각과 다르게 흐르면 스토리를 바꿔야 한다. 그래도 괜찮다. 어쨌거나 일단 스토리를 시작하기 위해서는 전체 틀이 있어야 방향을 정할 수 있다. 데일리 플래너는 내 삶을 흐트러지지 않게 하는 비법이다. 데일리 플래너를 작성한 날은 작성하지 않은 날보다 내 이야기에 충실할 수 있다.

데일리 플래너와 라이프 플랜은 세 가지 중요한 생각을 명심하게 해주었다. 첫 번째는 빅터 프랭클의 의미 경험 공식이다. 두 번째는 거의 모든 이야기에 등장하는 네 가지 주요 캐릭터와 그들의 역할이 삶에 미치는 영향을 공부하면서 깨달은 사실이다. 세 번째는 의미를 경험하려면 내가 알게 된 모든 것을 삶에 적용해야 하고, 깨닫지 않으면 금방 사라져버릴 놀라운 기회들을 이용해야 한다는 것이다.

히어로가 되어 행동해야 한다는 생각은 나중에서야 했다. 하지만 '그저 물 흐르듯 살아지겠지'라며 손을 놓기보다 삶에 적극적으로 뛰어들어야 한다는 것을 깨달은 것만으로도 경험치를 높이기에 충분했다.

시간이 흐르면서 내 라이프 플랜은 달라졌다. 삶이 내게 준 열정과 기회에 따라 해마다 조금씩 새로운 방향으로 계획을 수정했다. 계획을 세우지 않았다면 내 삶의 스토리는 질서를 잃고 결국엔 실존적 공허 상태에 빠졌을 것이다.

나는 15년간 나만의 계획표를 이용해 삶의 계획을 세워왔고 그 계획표는 해마다 발전하고 있다. 라이프 플랜을 작성하기 전에 앞서 언급한 프랭클의 세 가지 의미 공식을 다시 한번 살펴보자.

1. 일을 만들거나 행동하라

삶은 우리를 중요하고 필요한 존재로 만든다. 아침에 일어나 할 일이 있다면, 더군다나 다른 사람들과 함께해야 하는 일이거나 우리가 그 일을 하지 않을 때 다른 사람들이 힘들어진다면 우리는 세상에 필요한 존재다. 우리는 일을 통해 자신이 필요한 존재라고 느낀다. 프랭클은 일의 필요성을 이야기하면서 다음과 같이 말했다. "아침에 눈을 떠 침대에서 몸을 일으킬 이유를 찾아라. 그러면 실존적 공허를 피할 수 있을 것이다."

2. 무언가를 경험하거나 누군가를 만나라

우리는 혼자가 아니며 세상에는 언제나 놀라운 일이 펼쳐지고 있음을 깨달아야 한다. 삶의 위대한 경험은 다른 사람들과 함께할 때 극대화된다. 프랭클은 삶의 의미를 경험하려면 우리가 사랑하고 우리를 사랑해주는 사람들과 함께하거나 주변의 아름다움에 관심을 쏟아야 한다고 말한다. 예를 들어 전시회 관람은 영감을 불러일으키고 사고를 확장하며, 숲속을 오래 걸으면 정신 건강이 좋아진다. 어느 곳이든 상관없다. 내 안의 나를 밖으로 꺼내 내 세상을 넓혀줄 무언가를 만나는 것. 그것이 핵심이다.

3. 그 어떤 상황에서도 주체적으로 행동하라

프랭클의 의미 공식은 모두 유용하지만, 세 번째 공식이야말로 내가 달라지는 데 가장 큰 영향을 미쳤다. 프랭클은 기본적으로 어떤 시련도 극복할 수 있다고 주장한다. '극복'은 프랭클이 아니라 내가 선택한 단어지만, 적합한 말이라고 생각한다. 극복은 끔찍한 비극을 의미 있는 경험으로 바꿀 수 있다. 프랭클은 비극을 겪는 것은 고통스럽지만 그로 인해 얻는 것도 있다고 믿었다. 그렇다고 비극이 좋다는 말은 아니다. 비극을 원하거나 고통을 겪어 마땅한 사람은 없다. 다만 비극이 남긴 잿더미 속에서 아름다운 무언가를 창조하고 시련 속에서 의미를 찾아야 상처를 치유할 수 있다.

　패배자 마인드로는 아무것도 얻지 못한다. 자신을 패배자로 여기는 사람은 시련이 주는 이점을 알지 못한다. 때때로 시련은 견디기 어렵다. 하지만 강인함과 유연함을 길러주고 적어도 삶의 본질을 더 깊이 이해할 수 있게 해준다. 쉬운 일은 아니지만, 시련이 주는 교훈을 간과해서는 안 된다. 평탄하기만 한 히어로는 더 나은 사람으로 거듭날 수 없다. 당신이 작가라고 해보자. 이야기 속 주인공이 시련을 겪지 않는다면 관객들은 주인공의 변화를 진지하게 받아들이지 않을 것이다. 어쩌면 작가가 미숙하다고 비난할지도 모른다.

　시련은 변화를 가져오는 힘이다.

　프랭클은 우리가 모든 시련을 이겨낼 수 있기에 무슨 일이든 도전할 수 있다고 말한다. 참으로 대담한 주장이지만, 그의 말이 틀리다고 함부로 판단할 순 없다. 프랭클은 나치의 손에 죽어간 가족과 친구에 관해, 그러한 일을 겪은 건 말로 다 할 수 없는 고통이지만 그래도 그 같은 잔혹 행위에 맞서 싸워야 한다고 대답했다. 아내와 아이, 어머니와 아버지, 그리고 수백만 명의 죽음이 세상에 악의 존재를 증명했기에 가치가 있다고 대답했다. 물론 그가 600만 유대인의 죽음을 바랐던 게 아니다. 그는 스토리가 단지 비극이 초래한 엄청난 결과로 끝나지 않길 바랐다. 그는 다음과 같이 선포하고 싶었던 것이다. '유럽에서 발생한 유대인의 죽음이 세상에 의미 있는 경고 메시지를 전할 것이다.'

　세상은, 그리고 우리는 시련을 극복해야 한다.

시련을 내면의 힘으로 만들어 다시는 같은 일이 일어나지 않도록 방지책으로 삼아야 한다. 패배자에서 히어로가 되려면 이 같은 자세가 가장 중요하다. 패배자는 시련 속에 뒹굴지만, 히어로는 시련을 자신과 다른 사람들에게 도움이 되도록 만든다. 물론 패배자가 히어로가 되려면 '치유'의 과정이 필요하다. 패배자는 히어로로 거듭나고 히어로는 조력자로 단단해진다.

내 친구 앨리슨 펠런은 훌륭한 작가다. 그와 나는 '당신의 스토리를 쓰세요'라는 이름의 작은 프로젝트를 진행하고 있다. 우리는 자그맣게 워크숍을 열고 사람들에게 그동안 살면서 이겨낸 일을 되돌아보게 한다. 그리고 힘든 도전을 하기 전에 어떤 상황에 있었으며 도전으로 인해 어떻게 달라졌는지 묻는다. 그러곤 그들의 스토리를 정해진 규칙에 따라 다섯 장 분량의 글로 쓰게 한다.

자신의 도전 과정을 돌아보고 그 과정을 통해 얼마나 많이 달라졌는지 살펴보는 교육이 모든 고등학교에 필요하다고 생각한다. 자신이 어떤 시련을 겪었고 그 결과 얼마나 강해졌는지 돌아볼 때 정체성이 발전한다. 그리고 자신이 생각보다 더 강하고 더 흥미로운 사람이라는 사실을 깨닫게 된다.

우리는 모두 시련을 극복해왔다. 그리고 그 과정에서 변화의 기회를 얻는다. 과거에 머무르면 변화도 없다. 내가 가진 힘을 믿으려면 스스로 어떤 시련을 극복했는지 살펴봐야 한다. 우리 안의 빌런이 우리 안의 히어로를 하찮게 여긴다면 스토리는 아름답게 끝날 수 없다. 스스로 스토리를 써 내려간다면 빌런은 입도 뻥긋하지 못할 것이다.

몇 년 전 나는 인생 계획의 하나로, 차고가 있는 마당에 집을 짓고 그곳에 사람들이 쉬었다 갈 수 있는 게스트 하우스를 짓겠다고 마음먹었다. 단순히 집을 짓고 싶었던 게 아니다. 사람들을 모을 공간을 만들고 싶었다. 나는 벳시와 함께 우리의 스토리를 쓰기 시작했다. 현재 모임 공간을 완공했고, 이 책이 출간될 무렵이면 게스트 하우스 역시 완공될 것 같다. 우리는 사람을 좋아하고 언제나 행복해하는 우리 집 개, 초콜릿색 래브라도레트리버 루시 구스의 이름을 따서 이곳을 '구스힐'이라고 이름 지었다.

사람들이 내게 어느 공간이 제일 마음에 드냐고 물으면 나는 언제나 모임 공간의 책장이라고 대답한다. 우리는 모임 공간 뒤편으로 책장을 천장까지 높이 세웠다. 모임에 참석한 사람들이 스토리를 쓰고 나면 그들의 이야기를 구멍 세 개짜리 바인더에 철해서 책장에 보관할 계획이다. 나는 내 딸이 이곳에서 다른 사람들이 어떻게 사는지 살펴보며 자라면 좋겠다. 삶의 영감을 얻고 싶을 때 누구라도 이곳을 찾아 다른 사람들의 시련 극복 스토리를 읽어볼 수 있으면 좋겠다. 책장은 아직 비어 있지만, 곧 도전과 시련을 통해 달라진 사람들의 용감하고 감동적인 스토리로 채워질 예정이다.

마음만 먹으면 시련을 통해 달라질 수 있다. 세상 모든 일을 내가 휘두를 순 없지만, 내 삶의 결정권은 내게 있다. 더 나은 내가 되기 위해, 달라지기 위해 스스로 시련을 받아들여 내 스토리로 만들자.

프랭클 역시 아내와 아이의 죽음이 세상에 가르침을 남겼다고 생각하는 대신 좌절에 빠져 여생을 보낼 수도 있었다. 하지만 프랭클은 그들의 죽음이 헛되다고 생각하지 않았다. 프랭클의 스토리에서 그들의 삶, 그들의 죽음은 가치가 있었다.

매일 삶의 의미 만들기

—

패배자와 빌런은 자신 혹은 세상을 위해 의미를 만들지 않는다. 하지만 히어로와 조력자는 자신과 세상을 위해 의미를 만든다. 열정을 이야기하고 시련을 견디고 다른 사람들과 함께 어울려 살며 의미 있는 삶을 만든다.

자전거 횡단을 끝내고 난 뒤 나는 또 다른 도전이 필요하다고 느꼈다. 행동해야 했고 삶의 의미를 다른 사람들과 함께 나눠야 했다. 도전은 성장으로 이어지기 때문에 새로운 도전을 받아들여야 했다. 집으로 돌아온 뒤 소파에 앉아 TV로 투르 드 프랑스世界 최고 권위의 도로 사이클 대회—옮긴이경기를 지켜보는데 다리가, 아니 마음이 들썩거렸다. 자리에서 일어나 몸 상태가 정상인지 알아보려고 50마일을 달렸다. 그때 나는 국토 횡단 자전거 여행에서 돌아온 지 얼마 안 된 터라 신진대사가 활발했고 하루에 거의 만 칼로리씩 먹고 있었다. 우울증이 밀려왔고 목뒤로 실존적 공허가 느껴졌다. 결국 가만히 앉아 있지 못하고 계속해서 몸을 일으켰다. 한 달쯤 지나 나는 대통령 후보 선거 운동을 하며 전국을 돌았다. 지지 연설자로 나선 나는 사람들에게 후보자가 성장하면서 겪은 일들과 우리 측 후보자보다 다른 정당 후보자의 훌륭한 공약에 관해 이야기했다.

지금 나는 민주당 당원도 공화당 당원도 아니다. 솔직히 현재 두 당모두 자신들의 정치적 주장을 상쇄하기에는 너무도 큰 피해와 양극화현상을 가져왔다. 하지만 당시 내가 지지했던 후보자는 백악관에 입성했다. 1년 뒤 나는 대통령 자문단으로 활동하며 대통령의 목표에 관해 책 한 권 분량에 달하는 글을 썼다.

내가 이 이야기를 꺼낸 이유가 있다. 나는 자전거 횡단 후에도 무너지지 않았다. 내 삶의 스토리에 공백을 만들지 않았다. 나는 선거유세를 돌며 새로운 스토리를 찾았다. 뜻을 같이하는 몇몇 사람과 경합주를 돌며 우리의 메시지를 전달했다. 공항 화장실에서 셔츠 주름을 펴고 비행기와 자동차 뒷좌석에서 흥분에 휩싸인 채 잠을 청하며 의미를 경험했다.

그 후 대통령은 우리가 생각해낸 모든 아이디어를 실행에 옮겼다. 그가 만든 아버지의 날은 아버지의 중요성을 보여주는 백악관의 중요한 행사가 되었다. 비영리단체들은 수감 중인 죄수들이 자녀를 만날 수 있도록 자리를 마련했고 대통령은 이 단체를 지원했다. 멘토링 프로그램에 연방기금도 할당되었다.

나는 우리가 한 일이 자랑스러웠다. 하지만 이는 이타주의에서 비롯된 것만은 아니었다. 나 역시 그 일을 통해 얻은 게 있었다. 운명이 스토리를 결정하도록 내버려 두었을 때 발생하는 실존적 공허와, 삶이 무너지고 소진되는 것을 피할 수 있었다.

선거유세를 하던 시기에 자전거 횡단을 함께했던 친구들에게서 문자가 오기 시작했다. 다들 엄청난 시련을 겪고 있었다. 몸도 마음도 엉망이었다. 대부분 불안과 우울증에 시달렸다. 다들 다시 한번 대서양에서 태평양을 향해 페달을 밟으며 함께하기를 바랐다. 그때 그 해변에서 다시 만나 이번엔 반대 방향으로 가보자며 농담을 던졌다.

대부분 이 같은 경험을 한다. 우리는 하나의 스토리가 끝나면 새로운 스토리를 시작해야 했다. 우리에게 성장 과정은 하나의 흥미로운 이야기다. 고등학교를 지나 대학, 취업, 결혼, 출산, 육아, 그리고 사망까지. 어느 순간부터 삶은 우리에게 더 이상 미리 써놓은 대본을 건네지 않는다. 그렇게 엔딩 크레딧이 오른다. 스토리를 직접 만들어야 이야기에 견인력이 생긴다는 사실을 알지 못한다. 어느 순간 우리는 운명이 만들어가는 지루하기 짝이 없는 스토리를 집어던지고, 스스로 보조 바퀴를 떼고서 자신의 스토리를 써가야 한다.

새로운 스토리를 만들지 못하면 인생 중반에 위기가 찾아온다. 핵심은 하나의 스토리가 끝나면 또 다른 스토리를 시작해야 한다는 것이다. 무의미한 삶에서 나를 일으켜 세워줄 스토리를 만들고 싶다면 빅터 프랭클의 세 가지 의미 공식을 따라야 한다.

당신이 내가 이 장에서 이야기하는 것처럼 인생의 계획을 세우고 산다면 삶이 달라질 것이다. 삶의 목적을 느끼게 될 테니. 이제 나는 당신이 의미를 경험할 수 있도록 내가 깨달은 패러다임 변화를 설명하고 손수 만든 워크시트를 소개하려고 한다.

자전거 횡단과 선거유세를 끝내고 나는 라이프 플랜과 데일리 플래너를 만들었다. 15년간 이 계획표를 사용하면서 의미를 놓치지 않았고, 덕분에 구원받았다. 이 책 뒷부분에 내가 만든 워크시트를 실어두었다. 또한 온라인 소프트웨어를 구축해 라이프 플랜과 데일리 플래너를 여럿이 공유할 수 있도록 만들었다. 이러한 과정이 수천 명에게 도움을 주고 있고, 나는 변화를 경험한 사람들이 보내온 편지나 이메일에 큰 행복을 느낀다.

스토리가 인생을 증명한다

—

삶은 의미 있을까? 나는 있다고 생각한다. 당신은 살면서 한 번쯤 예기치 못한 아름다움에 잠시 멈췄던 때가 있을 것이다. 노을 진 하늘, 길거리 기타리스트의 연주, 배 속 아기의 태동, 뒤뜰의 정원, 아름다운 시, 맛있는 음식까지. 산다는 건 힘들고 어렵지만 아름답기도 하다. 게다가 의미도 있다.

빅터 프랭클은 삶의 의미에 관해 묻는 건 우리가 아니라 오히려 삶이라고 말한다. "당신은 의미 있는 삶을 살 것인가, 아니면 실존적 공허로 괴로워할 것인가?"

얼마 전 신학자인 친구 줄리가 찾아와 함께 산책을 나갔다. 줄리와 나는 어렸을 때부터 알고 지낸 사이다. 그를 만나면 참 좋았다. 내가 미혼이었을 때, 줄리 부부는 나를 그리스 정교회가 주관하는 영국 북부 순례에 초대했다. 설교가 없을 때면 우리는 차를 마시며 완전함으로 이끄는 신학이 있는지, 그리고 더 중요하게는 왜 신학적 계시를 얻고도 완전함을 느끼지 못하는지 이야기하며 영혼의 문제에 깊이 파고들었다.

그 이후, 우리는 근 10년 만에 만났다. 그와 교회가 처한 상황, 그리고 우리 사회가 처한 상황을 이야기하면서 예전과 달리 질문에 대한 답을 얻기 위해 철학이나 신학적으로 깊이 파고들지 않는 나 자신을 발견했다. 줄리와 헤어진 뒤 나는 그에게 문자를 보내 내가 추구하는 삶이 바뀌었다고 말했다. 나는 더는 철학이나 신학의 대답을 원하지 않았다. 대신 삶을 있는 그대로 받아들였다. 오히려 의미를 경험하기 위해 삶을 이용하고 싶었다. 그렇다고 내게 믿음이 없다는 게 아니다. 나는 여전히 매일 기도한다. 하지만 이제 신에게 대답을 바라지 않는다. 명확한 대답을 찾으려 들면 긴장하게 되고 대화가 무의미해진다. 오히려 모든 것을 알지 못해 감사하다. 줄리는 내게 자신도 비슷한 깨달음을 얻었다며 우리가 비슷한 처지라고 대답했다. 줄리는 유명한 신학자며 연구를 게을리하지 않는다. 그런 그가 나와 비슷한 처지라고 말한 이유는 최근에는 대답과 확신을 향한 끝없는 욕구를 채우기보다 호기심을 충족하고 신과의 관계를 다지기 위해 공부하고 있다는 의미일 것이다.

어린 시절 나는 〈무언가를 찾고 있는데 아직 찾지 못했다 Still Haven't Found What I'm Looking For〉는 보노록 밴드 U2의 리드 보컬―옮긴이의 노래를 부르곤 했다. 지금도 그 노래를 부른다. 하지만 그때와는 느낌이 다르다. 아직 나는 찾고 있는 것을 찾지 못했다. 하지만 삶의 깊은 의미를 발견했기에 이제 다른 것을 찾는 데는 별 관심이 없다. 나는 어느새 삶에 만족하게 됐다. 내게 없는 것을 찾으며 살고 싶진 않다. 내게 주어진 기회에 더 관심을 쏟으며 살고 싶다. 요컨대 나는 의미를 즐기며 산다.

그렇다면 어떻게 해야 의미 있는 삶을 살 수 있을까? 먼저 목표를 정해야 한다. 세상에 보여주고 싶은 일을 하거나 세상을 바꿔놓을 일에 동참해야 한다. 그리고 다른 사람들과 경험을 공유하고 타인과 세상의 아름다움에 관심을 가져야 한다. 마지막으로 시련을 당연하게 받아들여야 한다. 힘겨운 상황이 닥쳤을 때 자기 연민에 빠지지 말아야 한다. 도전과 시련은 언제나 고통을 동반하지만, 이를 통해 삶의 의미를 찾을 수 있다.

한마디로, 나는 미션을 수행하는 히어로의 삶이 의미 있는 삶이라고 생각한다. 그런데 미션을 수행하면 히어로고 그러지 않으면 히어로가 아닌 것처럼 들려 자칫 오만하게 보일까 봐 걱정이 된다. 다시 한번 말하지만 히어로는 완벽하지 않다. 그들은 약하고 행동하기를 두려워하며 도움을 절실히 필요로 한다. 히어로가 가진 한 가지 특징을 꼽자면 자신을 변하게 할 도전을 기꺼이 받아들인다는 점이다. 히어로는 행동한다. 그래서 의미를 경험한다.

우리가 사랑한 스토리 속 모든 히어로는 구체적인 무언가를 원했고 원하는 것을 얻기 위해 기꺼이 희생했다. 우리가 사랑한 스토리 속 모든 히어로는 시련과 좌절 속에서도 그들을 나아가게 만드는 무언가를 찾아냈다. 우리가 사랑한 스토리 속 모든 히어로는 자신의 한계를 넘어 대의를 이루고 싶어 했다. 히어로는 스토리에 발을 들여놓았고 변모했으며 마침내 더 나은 사람이 되었다.

나 역시 달라졌으며, 계속 달라지고 싶다. 시작부터 꼬였다는 생각에 때론 두려워도, 계속 새롭고 흥미로운 이야기를 써나간다면 모든 게 나아질 거라고 믿는다.

건강한 사람이 성장하듯 건강한 사람이 변모한다.

삶은 대담한 모험이거나, 아니면 아무것도 아니다.

_헬렌 켈러

변화에 필요한 세 가지 요소

오랜만에 만난 친구와 대화를 나누고 난 후 변한 게 하나도 없다고 느낀 적이 있는가? 매번 같은 이야기, 같은 농담, 같은 고민거리 때문일까?

인간은 변하도록 설계되었다. 그래서 변하지 않는다면 뭔가 잘못되고 있다는 징조다. 나는 내가 겪은 두려움과 불안, 실패에 관해 책을 쓰며 많은 생각을 했다. 변화를 시간순으로 기록하고 싶어 같은 톤으로 예닐곱 권의 책을 썼다. 솔직히 예전 작품을 생각하면 가끔 얼굴이 화끈거린다. 우리 집에는 내가 쓴 책이 없다. 어제는 어제일 뿐, 나는 오늘과 내일을 보며 살고 싶다. 예전 책을 다시 보지 않는 데에는 또 다른 이유가 있다. 지금의 나와는 너무 다르기 때문이다. 예전 책을 보면 어찌나 징징대고 투덜거렸는지 한심하기 짝이 없다. 창피한 일을 털어놓으려는 게 아니다. 그 책들을 쓴 철없던 내가 변했다는 사실을 말하려는 것이다.

지난 10년에 걸쳐 나는 집필 분야를 바꿨으며 현재 비즈니스와 자기계발 관련 책을 쓰게 됐다. 예전에 비해 나에 대한 믿음이 생겨서 확신을 가지고 글을 쓰고 있다. 누군가는 예전의 내가 그립다고 할지도 모르지만, 나는 아니다. 예전의 나는 과체중에 외로웠고 냉소적이었고 관계에 서툴렀다. 지금의 나는 모든 면에서 건강해졌다. 건강한 사람들은 계획을 세우고 실수로부터 배운다. 그리고 그것이 변화를 이끈다. 나는 더 이상 예전의 내가 아니다. 그래서 예전과 같은 책을 쓸 수가 없다.

상대방이 달라지면 그 사람을 재인식하는 데 많은 에너지가 소모된다. 그래서 사람들은 상대방이 변하는 걸 좋아하지 않는다. 당신 주변 사람들 역시 당신이 안전하게, 멍청하고 느긋하게 그대로 있기를 바랄 것이다. 예전의 당신은 관계에 위협적이지 않았기 때문이다.

하지만 건강한 것은 변하고 건강하지 않은 것은 변하지 않는다. 우리는 변화를 도모해야 하며 사람들이 변화된 우리 모습에 익숙해져야 한다. 어쩌면 당신의 변화된 모습을 받아들이고 당신을 인정하는 데 그리 오랜 시간이 걸리지 않을지도 모른다.

나는 내 스토리가 가져온 변화를 좋아한다. 완벽하진 않지만 예전에 비하면 훨씬 좋아졌다. 효과가 없는 치료법이라면 왜 돈과 시간을 쓰겠는가? 로고테라피는 꽤 효과가 있었다. 나는 지금 행복하다.

그렇다면 왜 어떤 사람은 변하고 어떤 사람은 변하지 않을까? 어떤 사람은 자리에서 꼼짝 못 하고 어떤 사람은 그 자리를 박차고 나가는 걸까?

우리는 변화를 겪는 캐릭터를 좋아한다. 대체로 히어로는 아직 행동할 준비가 덜 된 상태로 마지못해 여행을 시작한다. 간달프가 빌보에게 반지에 관해 말했을 때, 캣니스가 동생을 대신해 헝거 게임에 나섰을 때를 생각해보자. 그들은 마지못해 이야기에 투입되었다. 이런 일은 우리 삶에도 일어난다. 그래서 영화나 책 속 이야기에도 등장하는 것이다. 일련의 일들이 우리에게 일어난다. 우리는 행동할 수밖에 없다. 갑작스레 집을 떠나고 예상치 못한 채 사랑에 빠지고 마음을 다친다. 사고를 당하고 차 시동이 안 걸리고 잘못된 투자로 모든 걸 잃는다. 이러한 일련의 사건들로 우리는 시련에 직면한다. 그리고 문제를 해결해나가는 과정을 통해 변화를 경험하고 긍정적 발전을 이루기 시작한다. 도전과 시련은 우리 자신에게, 그리고 세상에 우리를 증명할 기회를 제공한다.

문제가 발생할 때 패배자는 실패를 받아들이지만 히어로는 "어떻게 문제를 해결할까"를 묻는다. 당신이 내게 성공한 사업가 이야기를 하면 나는 실패를 교훈을 얻은 사람의 이야기를 할 것이다. 당신이 내게 아내를 아끼는 남편의 이야기를 하면 나는 몇 번이나 실연의 상처를 입은 남자의 이야기를 들려줄 것이다.

도전과 시련은 우리를 갈고 닦아 더 나은 사람으로 만든다. 끌이 쓸고 지나간 자리는 분명 쓰리고 아프다. 하지만 그러한 과정이 있기에 자신과 다른 사람들을 위해 더 나은 세상을 만드는 멋진 캐릭터가 된다.

히어로는 원하는 게 있다
—

스토리 진행에 자극적인 사건이 필요한 게 아니다. 약간의 호기심만 있으면 된다. 히어로는 X를 성취하면 어떻게 될지, Y를 만들면 무슨 일이 일어날지 궁금해한다. 나는 사람들이 변하지 않는 이유가 샤이어『반지의 제왕』속 평화롭고 즐거운 호빗의 나라―옮긴이를 떠나려 하지 않기 때문이라고 생각한다. 대부분이 살면서 욕심을 버리고 무언가를 바라지 않게 된다. 뜻대로 되지 않으면 '나는 안 되는 사람이야'라고 여기고, 결국엔 상처받지 않기 위해 아무것도 바라지 않는다. 무언가를 시도하기보다 안전을 택한다.

참으로 슬픈 현실이다. 스토리에는 열정적인 캐릭터가 있어야 한다. 영화를 보는 관객은 히어로가 무엇을 원하는지 알아야 한다. 어떤 히어로는 부정과 부패를 저지르는 정권을 무너뜨리고 싶어 하고, 어떤 히어로는 시합에서 이기고 싶어 한다. 또 어떤 히어로는 홍수로 잃은 집을 재건하고 싶어 한다. 히어로는 편안한 삶에 안주하지 않고 도전에 맞선다. 자신이 바라는 바를 이루기 위해 행동에 나선다. 그러지 않으면 스토리는 설득력을 얻지 못한다. 히어로라면 '구체적인' 무언가를 원해야 한다. 이것이 바로 히어로를 변하게 만드는 또 다른 특성이다.

막연히 성취를 바라는 사람의 이야기가 지루한 데는 이유가 있다. 스토리에 알맹이가 없기 때문이다. 성취를 바라는 우리 모두와 달리 주인공의 이야기는 무엇이 특별할까? 대체 무엇을 이루고자 하는 걸까?

지나치게 어려운 것을 목표로 하면 곧바로 실존적 공허 상태로 돌아가게 된다. 행복해지고 싶다고 저절로 행복해지는 게 아니다. 무엇이 자신을 행복하게 할지 구체적으로 정해야 스토리에 질문이 생긴다. 올봄에 마라톤을 할 수 있을까? 창업을 해볼까? 집을 팔고 농장을 사볼까? 가라테 시합에서 이기고 싶다. 아버지 회사를 살리고 싶다. 지금 만나고 있는 연인과 결혼하고 싶다.

작가는 히어로가 원하는 게 무엇인지 분명하게 정해야 한다.

히어로가 무엇을 원하는지 정해야 이야기가 시작된다. 히어로에게 목표가 생기면 관객에게는 한 가지 흥미로운 질문이 생겨난다. 과연 히어로는 원하는 바를 이룰 수 있을까? 반면 히어로가 무엇을 원하는지 알 수 없거나 그가 이루고자 하는 것을 이해하기 어려울 때 관객은 스토리에 흥미를 잃고 지루해한다. 원하는 게 없으면 매력적인 스토리를 쓸 수 없다. 스토리의 공백을 피하려면 이 점을 명심해야 한다. 원하는 게 없으면, 무엇을 원하는지 정확히 알지 못하면, 우리는 빈껍데기 캐릭터가 되고 만다.

원하는 게 없어서 다행이라며 괜찮은 척하지 말자. 오히려 그게 감정적으로 더 힘들다. 마음 극장에 앉아 무엇을 원하는지도 모른 채 마치 물 위에 떠다니는 작은 나뭇가지처럼 우왕좌왕하는 캐릭터가 펼치는 뒤죽박죽 스토리를 매일 본다고 생각해보자. 마음이 얼마나 불편하겠는가?

원하는 게 없으면 삶에 흥미도 잃고 남들도 우리에게 관심을 두지 않는다. 아무리 백마 탄 젊고 잘생긴 왕자님일지라도 하고 싶은 것도, 원하는 것도 없다고 말하면 어느 공주가 좋아하겠는가? 그런 스토리는 본 적이 없다. 그런 왕자와 결혼하느니 차라리 말과 결혼하는 게 나을지 모른다.

프랭클이 말했듯 우리에게는 하고 싶은 일이 있어야 한다. 한 가지 일이 끝나고 나면 다른 일을 해야 하고 그 일이 끝나면 또 다른 일을 해야 한다. 원하는 게 있기에 삶에 뛰어들어 도전하는 것이고 도전하기에 변할 수 있는 것이다. 무엇을 원하느냐는 중요치 않다. 무엇을 원하든 행동에 나서는 것이 중요하다. 무언가를 원하는 마음만으로는 의미를 찾을 수 없다. 의미는 원하는 것을 추구하는 과정에서 찾는 것이다.

원하는 것이 내게, 그리고 세상에 바람직하다면 적어도 의미를 경험하는 데 필요한 한 가지 요소는 갖춘 셈이다. 댄스 경연대회에서 1등을 하고 싶든, 교향곡을 작곡하고 싶든, 사업을 시작하고 싶든, 가정을 꾸리고 싶든, 무엇이든 그것이 우리를 삶으로 초대한다.

만약 원하는 게 없다면 어떻게 해야 할까? 나는 원하는 게 없는 사람들을 많이 만났다. 나는 그들에게 먼저 무엇을 좋아하냐고 묻는다. 내면을 들여다보면 그들은 사실 원하는 게 많았다. 음악이 좋다는 사람도 있고 정원 가꾸는 일이 좋다는 사람도 있고 가족과 시간을 보내는 게 좋다는 사람도 있었다. 다만 삶의 강렬한 비전을 말로 표현하지 못할 뿐이다.

음악과 정원 가꾸기, 가족과 시간 보내기를 좋아한다면 가족 밴드를 만들어 지역 농산물 시장에 가서 노래를 불러보는 것은 어떨까? 정말 흥미로운 스토리가 될 수 있다. 나라면 유명 가수의 음반을 사는 대신 그들의 노래를 응원해 줄 것이다.

정답을 찾는 데 집착하지 말자. 무엇이 옳은가를 따지는 것은 통제의 힘을 외부에 두는 것과 같다. 정답은 밖에 있지 않다. 바로 당신에게 있다. 물론 정답이 한 개만 있는 것은 아니다. 정답은 백만 개에 달한다. 오답은 원하는 게 없다는 것, 그것뿐이다. 저 수평선 위에 한 지점을 정하고 발걸음을 떼자. 그것이 바로 정답이다.

히어로는 도전한다

—

사람들이 변하지 않는 데는 두 가지 이유가 더 있다. 바로 원하는 게 있어도 도전하지 않거나 도전을 통해 아무것도 배우지 못하는 것이다. 몇 번이나 말했지만, 우리는 갈등을 겪으며 변한다. 시련이 없으면 변화도 없다.

빅터 프랭클은 강연 중에 청중에게 다음과 같은 질문을 던졌다. "당신이 살면서 가장 힘들었던 때를 지울 수 있다면 지우겠는가? 아니면 이미 지나간 일이니 지우지 않고 그냥 살겠는가?" 이 질문에 대부분의 사람은 그냥 살겠다고 대답했다. 많은 사람이 힘들었던 때를 지우고 싶어 하지 않는다. 물론 다 그런 것은 아니다. 무언가를 잃어버렸다거나 소중한 관계에 신뢰를 깨는 결정을 내렸다거나 하는 것처럼, 시계를 되돌리고 싶을 때도 있다. 하지만 그 같은 시련을 겪으며 우리는 성장한다. 신뢰를 저버렸다면 잘못을 깨닫고 겸손을 배웠을 것이다. 실수를 저질렀다면 부족함을 깨닫고 달라지기 위해 노력했을 것이다.

우리 회사가 성공을 거둔 이유는 오로지 초창기에 겪은 손실 덕분이다. 나는 베스트셀러 작가가 된 후 번 돈을 잘못된 결정으로 한 푼도 남김없이 몽땅 날렸다. 평생 저축한 돈으로 산 집을 팔아 투자했는데, 월요일 아침에 일어나 보니 한 푼도 남지 않았다. 일주일 내내 울다가 잠이 들었다. 다시는 그만큼의 돈을 만져볼 수 없을 것 같았다. 나는 완전히 빈털터리가 되었다.

하지만 그 힘든 시기 덕분에 돈 관리에 대해 하버드대학에서 10년 배울 것보다 더 많은 것을 배웠다. 그때의 시련으로 신중해진 덕분에 사업을 성공으로 이끌어갈 수 있었다. 나와 아내는 매년 그때 잃었던 만큼의 돈을 자선 단체에 기부한다.

내가 강해진 것이 돈 때문만은 아니다. 어렸을 때 시카고에서 포틀랜드로 가는 비행기를 탄 적이 있다. 체구가 컸던 탓에 안전띠 길이를 늘여달라고 부탁해야만 했다. 양옆에 앉은 사람들은 내가 움직일 때마다 툴툴거렸고 자리를 차지하는 나를 달가워하지 않았다.

그때 나는 내가 참 불쌍하다는 생각이 들었다. 하지만 그때의 연민이 열정이나 행동으로 옮겨가진 않았다. 내가 나를 불쌍히 여기면, 내가 나를 바보 멍텅구리라고 생각하면 신이 나를 불쌍히 여겨 어떻게든 내 문제를 사라지게 해줄 거라고 믿었다.

시련을 겪어도 나는 변하지 않았다. 해가 바뀌어도 그대로였다. 다시 이야기하지만 패배자는 변하지 않는다. 처음부터 끝까지 달라지지 않는다. 패배자는 히어로를 돋보이게 하고 빌런을 나빠 보이게 할 뿐 변하지 않는다. 그들은 강해지지 않는다. 그들이 가진 문제 역시 사라지지 않는다.

그때의 나는 시련이 나를 망가트리는 게 아니라 강하게 만들어준다는 사실을 알지 못했다. 깨달음을 얻고 난 뒤 오랫동안 엄두도 못 내던 산을 올랐고, 패배자 마인드에서 히어로 마인드로 마음을 달리 먹게 되었다. 운동을 시작하며 건강한 식단을 챙겼고, 서서히 체중을 감량했다. 나는 변하기 시작했다. 자전거를 타고 전국을 횡단하기로 한 스토리를 전개하기 위해 체중을 감량해야 했고, 체중을 감량한 스토리 덕분에 점차 달라졌다. 이야기에 변화가 필요할수록 변모할 가능성도 커진다.

빅터 프랭클은 시련은 처음부터 설계된 삶의 일부이며 질문을 품게 하고 발전을 가져오는 삶의 방식이라고도 이야기한다. 불의를 당했을 땐 어떻게 해야 할까? 불의에 굴복해선 안 된다. 오히려 불의를 이겨내고 더 나은 모습으로 거듭나야 한다. 패배자 에너지를 드러내게 하는 유혹은 피해야 한다.

"좋을 때도 있고 나쁠 때도 있고." 한번은 친구 하나가 내게 이런 말을 했다. 삶이 신나는 경주가 아니라면, 그저 즐겁기만 한 게 아니라면 어떨까? 삶이 숭고한 의무라면 어떨까? 사는 게 거저먹기라고 생각하며 하루를 시작한다면 분명 하루를 엉망으로 보내게 될 것이다. 사는 건 쉽지 않다. 물론 그래서도 안 된다. 가끔은 신나고 즐겁겠지만, 그건 중요하지 않다. 멋진 이야기를 써나가고 의미를 경험하고 도전과 시련을 겪는 것이야말로 삶의 핵심이다.

우리는 용감하게 살아야 한다. 용기를 갖고 사는 것, 그것은 우리의 의무다. 의무를 다해야 성취감과 의미를 찾을 수 있다. 라빈드라나트 타고르가 시를 통해 이를 잘 표현했다.

꿈속 삶은
기쁨이었네.
꿈에서 깨어보니
사는 건 의무더군.

그리고 살아보니

그 의무가 기쁨일세.

히어로는 실수와 시련을 통해 성장한다

—

우리 주변에는 같은 실수를 반복하는 사람이 있다. 가령 한 사람이 친구에게 돈을 빌리곤 갚지 못했다고 하자. 친구가 돈을 갚으라고 재촉하면 그는 이유를 설명하기보다 패배자처럼 행세한다. 그는 자기 행동에 책임지지 않는다. 늘 그런 식이다 보니 친구들은 그에게 실망한다. 그는 모임에 나가지 못하고 다른 모임에 들어간다. 하지만 새로 들어간 모임에서도 또다시 돈을 빌리고 갚지 못한다. 이제 관계는 돌이킬 수 없는 지경에 이른다. 도대체 왜 같은 실수를 반복하고도 달라지지 않을까?

자존심을 버리고 실수를 받아들여야 실수로부터 배울 수 있다. 내 생각이 틀릴 수도 있고 내 태도가 독이 될 수도 있다. 다시 말해 내 문제는 내게서 비롯된다.

실수를 인정하지 않으면 실수로부터 아무것도 배울 수 없다.

그런데 왜 어떤 사람들은 잘못을 인정하지 않는 걸까? 아무래도 자기 잘못을 인정하면 안전이 위협당한다고 생각하는 것 같다. 그렇지만 인정하지 않는다고 해서 문제를 해결할 수 있는 건 아니다. 본인들 스스로 실수를 받아들이고 해결하며 성장해야 한다.

우리는 실패와 실수를 통해 배워야 한다. 잘못된 행동조차 그 안에 배울 게 있다. 실수를 평가가 아닌 배움의 기회로 받아들일 때 변화의 속도가 빨라진다. 우리에게 닥친 실패, 시련, 실수, 불의는 마음만 달리 먹으면 변화의 기회가 된다. 히어로는 구체적인 삶의 목표를 정하고, 도전을 피하지 않고 맞서 싸운다. 그리고 실패와 시련을 통해 배운다.

변화는 자연스러운 일이다. 지금 우리는 아기였을 때와 다르다. 나이가 들면 또 다를 것이다. 건강하고 생명이 있는 것들은 변한다. 반대로 죽어 있는 것들은 변하지 않는다. 한곳에 오래 머무는 바윗덩어리 역시 변하지 않는다.

무언가를 원하고 이를 얻기 위해 기꺼이 도전할 때, 사람은 변한다. 하지만 마음 한편으론 무언가를 원해선 안 된다고 생각할지 모른다. 이는 무언가를 원하기 전에 해결해야 할 또 다른 문제다. 세상에는 밝은 미래를 꿈꾸지 않는 사람들이 있다. 그들은 이번 생애에는 자신이 무언가를 얻을 자격이 없다고 믿는다. 눈에 띄는 것이 싫어 아무것도 원하지 않는 사람도 있다. 그러나 아무것도 원하지 않는 것은 삶의 이야기에 참여하고 싶지 않다는 것과 같다. 이는 신이 주신 선물을 받지 않겠다는 말과 다를 바 없다. 나중에 소개할 라이프 플랜을 작성하고 데일리 플래너를 활용하려면 우선 무언가를 원하는 마음을 가져야 한다.

나는 스토리를 쓸 때 캐릭터를 먼저 정한다. 그리고 그 캐릭터가 되어 스토리의 방향을 결정할 질문을 던진다. "히어로는 무엇을 원하는가?" 이는 새로운 사람을 만날 때마다 내가 즐겨 하는 질문이다. 소소한 대화를 나눈 후 대화가 점점 무르익을 때 "무엇을 하고 싶나요? 세상에 없는 새로운 무언가를 해보고 싶지 않나요?"라고 묻는다. 상대방

이 이 질문에 멋지게 대답한다면, 그리고 실제로 그렇게 행동하고 있
다면 나는 미션 수행 중인 히어로와 함께 있는 것이다.

'되는' 목표 설정법은 따로 있다

책 후반부에 라이프 플랜이 수록되어 있다. 라이프 플랜을 세우려면 먼저 삶의 목표를 정해야 한다. 즉 무언가 원하는 게 있어야 한다.

히어로는 원하는 게 있다. 경기에서 승리하기를 희망하고 폭탄 해체를 원한다. 용을 무찌르고 세상을 구해내기를 원한다. 히어로가 원하는 게 없으면 스토리는 시작되지 않는다. 사실 우리가 스토리를 좋아하는 이유는 그 안에 두세 시간 혹은 200~300페이지 정도에 걸쳐 관심을 끌 만한 흥미로운 질문들이 있기 때문이다. 무엇을 원하는지 모른다면 질문도 없다. 우리를 움직이게 하는 질문이 없다면 삶에 대한 흥미도 사라지게 될 것이다.

삶의 스토리에 관심을 가지고 어떤 일이 일어나는지 주의를 기울일 때 견인력이 생긴다. 대부분은 이 같은 힘을 가지고 있지 않다. 삶이 지루하고 재미없다고 생각한다. 그래서 인스타그램을 훑어보며 다른 사람이 즐겁게 사는 모습에서 질투를 느끼는 것이다. 그러나 자기 삶에 관심을 가지면 다른 사람의 이야기에 신경 쓸 겨를이 없다.

삶에 견인력이 생기려면 하고 싶은 게 적어도 하나는 있어야 한다. 하고 싶은 게 있어야 침대에서 몸을 일으켜 세워 행동할 수 있다. 그리고 그러한 도전이 우리를 변하게 한다.

생각해보면 스토리의 시작과 끝, 그리고 모든 행동에 동기가 있다. 나는 벳시와 데이트하고 싶어 용기를 내어 데이트를 신청했다. 그리고 이 책을 쓰고 싶어 기회를 잡았고 한 문장 한 문장 글을 써 내려갔다. 이러한 열정이 삶의 스토리에 '내가 이 여자와 가정을 꾸릴 수 있을까?', '이 책이 사람들에게 도움을 줄까?'라는 질문을 만들고 그 질문이 일종의 견인차 구실을 했다.

하지만 하고 싶은 게 없으면 스토리는 시작될 수 없고 삶에 흥미를 잃을 위험이 있다. 누군가는 살면서 구체적인 뭔가를 원하는 것이 성가실 수도 있다. 뭔가를 원하는 게 어려운 사람도 있다. 아마도 내가 무언가를 원하면 남의 것을 빼앗는 거라고 교육받으며 자라서일지 모른다. 또 누군가는 '좋은 직장을 가져야 한다', '종교 활동을 열심히 해야 한다' 등 주입식 교육을 받으며 자라다가 나이가 든 후 그러한 것들이 자신이 원하는 게 아니라는 걸 알게 되었을지도 모른다. 그런 이들은 자신이 진정 무엇을 원하는지 몰라 혼란에 빠지기도 한다. 또 누군가는 하고 싶은 게 너무 많아서 선택하지 못하고 우왕좌왕한다.

어쨌거나 스토리가 시작되려면 원하는 게 있어야 한다. 물론 꼭 무언가를 원해야 한다고 정해진 바는 없다. 우리는 모두 각자 원하는 대로 살 수 있다. 하지만 히어로가 원하는 게 없으면 그 스토리는 관객의 관심을 끌 수가 없다. 하고 싶은 게 없으면 즐겁게, 의미 있게 살기가 어렵다.

부담을 가질 필요는 없다. 의미를 경험하는 일이 도덕적 의무는 아니니까. 그러나 삶을 살아가는 좋은 방법인 것은 확실하다. 배 주변에 생긴 보풀이나 뜯으며 앉아 있는 것은 재미없다. 그런 스토리는 지루할뿐더러 금세 안절부절못하게 만든다.

히어로는 당당히 하고 싶은 일을 한다

—

"사람의 욕심은 환경을 파괴하고 살인, 약탈, 기만을 불러왔다. 그래서 나는 아무것도 원하지 않는다"라고 말하는 사람도 있을 것이다. 하지만 다른 사람들 때문에 욕심을 버렸다는 것은 충분한 대답이 될 수 없으며 무엇보다 그러한 대답으로는 세상이 안고 있는 문제를 해결할 수 없다. 그러니 고상하게 아무것도 원하지 않는 척하지 말자. 원하는 게 없다는 이유로 굶주리는 사람들을 못 본 척한다면 끔찍한 일이다. 인간이 이만큼 발전할 수 있었던 이유는 개인, 그리고 집단이 이루고자 하는 바가 있었기 때문이다.

예전에 읽은 책 중에 모든 욕심을 버리고 아무것도 원하지 않으면 온갖 골칫거리가 사라질 거라고 말하는 책이 있었다. 저자는 계속해서 욕심을 버려야 한다고 강조했다. 하지만 그의 주장을 다시 한번 생각해보자. 우리가 읽고 있는 단어들은 수 세기 전 사람들이 글자를 통해 서로 소통하길 원했기 때문에 존재한다. 학교는 배움을 갈구하는 인류 때문에 존재해왔다. 경제는 기회를 원했기에 존재한다. 바퀴는 편리하게 이동하며 일을 수월하게 하고 싶었기 때문에 존재한다. 길은 여행을, 법은 정의를, 집은 쉴 곳을 원했기 때문에 존재한다.

그가 아무것도 원하지 말라는 책을 쓸 수 있었던 이유는 그 책이 글자를 사용해 출판될 수 있었고, 읽어줄 독자가 있었고, 그 책을 출판사가 출판할 수 있었고, 사람들이 돈으로 구매할 수 있었고, 도로가 나서 트럭이 책을 운반할 수 있었기 때문이다. 심지어 그가 합법적으로 인세를 받아 집을 살 수 있었던 것도 정의를 갈망한 사람들이 만든 법이 존재했기 때문이다.

새로운 것을 만들려는 욕심은 나쁜 게 아니다. 나쁜 것을 욕심내는 게 나쁜 것이다.

히어로는 모두에게 도움이 되는 것을 원한다
—

한없이 순수한 동기를 가진 사람은 없다.

우리는 세상이 깨끗한지 아니면 더러운지, 상대방의 인품이 좋은지 나쁜지를 가리기 좋아한다. 누군가는 이러한 이유로 욕심을 내지 못한다. 그들은 자신이 가진 일부 동기가 이타적이지 않다는 생각에 욕심을 버린다.

하지만 욕심으로 발전이 이루어진다. 특히 욕심이 서로에게 도움이 될 때 좋은 일이 일어난다. 대부분의 자선 활동을 생각해보자. 자선을 베푸는 이는 자신이 그런 활동을 한다는 일에 행복을 느낄 것이다. 그것은 잘못된 게 아니다.

나는 작은 회사의 성장을 돕고 싶어 비즈니스 코칭 회사를 시작했다. 창업한 데는 내가 가난하게 자라 자존감이 낮았다는 이유도 있었다. 나는 가난에서 벗어나려고 열심히 일했다. 이런 내 욕망은 숭고할까? 나는 내 숭고함에 B- 등급을 주었다. 가난하게 자라지 않아 재정이 안정적이었다면 회사를 설립할 마음이 들지 않았을 테고 수천 개의 소규모 회사들은 필요한 도움을 받지 못했을 것이다.

여러 가지 요인이 나를 부채질했다. 솔직히 당신도 마찬가지일 것이다. 예를 들어 당신이 다음과 같은 마음을 가지고 있다고 해보자. '나는 아내가 배려심이 깊어서, 아내가 나를 사랑해서 그를 조건 없이 사랑한다.' 자세히 들여다보면 결국 당신은 아내를 조건 없이 사랑하는 게 아니다.

우리가 가진 동기가 전적으로 순수할 수 있을까? 순수하다는 생각은 착각이 아닐까 싶다. 작가의 스토리와 삶의 스토리의 다른 점은 바로 이것이다. 스토리 속 캐릭터는 빌런이건, 패배자건, 히어로건, 조력자건 도덕적으로 깨끗해야 할 때가 있다. 하지만 우리는 그렇게 깨끗하게 행동할 수만은 없다. 우리 몸속에는 늘 패배자와 빌런의 피가 동시에 흐른다. 그래서 언제나 이타적일 수만은 없다.

다른 사람을 도우며 살아야 하지만, 동시에 나 자신을 위해서 살아가야 한다. 그래서 어떤 삶을 살까 고민할 때 서로에게 도움이 되는 삶을 찾아야 한다. 내 말이 여러 가지 동기를 가지고 살라는 말처럼 들린다면, 빙고! 당신은 내 말을 제대로 잘 이해했다. 나는 당신이 완전히 순수한 동기만 가지고 있다고 생각하지 않는다. 당신이 아니라고 부인해도 그 말을 믿을 수 없다. 아마 나는 당신이 자기 자신을 제대로 알지 못한다고 생각할 것이다. 이제는 우리가 완벽하지 않다는 사실을 받아들여야 할 때다.

많은 사람이 이기적이거나 탐욕스럽게 보이기 싫어 욕심을 내지 않는다. 이해는 한다. 이기심은 억제하는 게 맞으니까. 그러나 당신이 여러 동기를 가지고 배고픈 사람을 돕는다고 해보자. 배고픈 사람들은 배를 채울 수 있다면 당신의 동기 따위엔 관심이 없을 것이다.

어떤 스토리든 꼼꼼히 살펴보면 히어로에게도 단점이 있다. 히어로도 기본적인 욕구가 있고 이기적인 행동을 한다. 히어로라고 해서 늘 용감하고 주변 사람을 돕는 건 아니다. 하지만 그는 언제나 노력한다. 모두에게 도움이 되기 위해, 더 나은 사람이 되기 위해 기본적인 욕구를 억제한다. 그래서 히어로가 사랑받는 것이다.

히어로는 나눈다
—

사실 히어로가 지나치게 완벽하면 독선적이라고 생각하게 된다. 우리는 우리보다 우월한 캐릭터를 좋아하지 않는 편이다. 우리는 친근하면서도 이타적인 캐릭터를 좋아한다. 히어로는 원하는 게 있지만, 그것을 혼자만 독차지하려고 하지 않는다. 함께 나누고 싶어 한다. 나 역시 프로젝트가 나와 다른 누군가, 특히 내가 아끼는 사람들에게 도움이 된다면 힘들더라도 기꺼이 해내고 싶다.

나만 좋은 일을 한다면 그건 너무 이기적이다. 그렇다고 남에게만 좋은 일을 한다면 보상받고자 하는 욕구가 충족되지 못한다. 따라서 서로에게 좋은 일이 딱 적절하다.

내가 진정 무엇을 원하는지 찾으려면 내 안의 깊은 욕구를 두드리는 무언가를 찾아야 한다. 일단 늘 증명하고 싶었던 것, 경험하고 싶었던 것, 표현하고 싶었던 것을 찾고 거기에 베푸는 마음을 어떻게 더할지 생각해봐야 한다. 그래야 스토리가 한쪽으로 치우치지 않는다.

우리에게는 여러 동기가 있다. 따라서 여러 복합적인 동기에 익숙해지는 것이 좋다. 다소 개인적인 동기는 우리를 앞으로 나아가게 하고 숭고한 동기는 여러 사람에게 이로운 경험을 안겨준다. 히어로는 완벽하지 않아도 괜찮지만, 더 나은 모습으로 끊임없이 발전해야 한다.

나는 〈멋진 인생〉이라는 영화를 가장 좋아한다. 조지 베일리는 공공주택을 지으며 작은 마을을 이끈다. 어려움에 빠진 조지는 삶을 포기하려 하고, 처음부터 태어나지 않았으면 좋았겠다고 말하는 그에게 천사는 조지 베일리가 태어나지 않았더라면 세상이 어땠을지 보여준다. 그가 없는 세상은 어두웠다. 아내는 사랑을 찾지 못했고 아이들은 세상에 존재하지 않았다. 마을 사람들은 은행에서 돈을 빌려주지 않아 집을 살 수가 없었다. 이미 그 영화를 본 사람도 있겠지만, 만약 다음번에 다시 보게 된다면 조지가 얼마나 친절하고 또 얼마나 무례한지 살펴보자. 아이들과 이웃, 계단 난간에서 떨어져 나간 기둥 하나 때문에 얼마나 속상해하는지 살피자. 아내와 아이들에게 화를 내고 동료를 비하하는 그의 모습을 보자. 평범한 한 인간인 그가 얼마나 여러 동기를 가졌는지, 자기 자신을 얼마나 사랑하는지 관찰하자. 조지 베일리가 매력적인 주인공처럼 보이는 이유는 그가 완벽한 사람이라서가 아니라 살기 좋은 세상을 만들기 위해 노력하는 부족한 사람이라서다.

당신이 달라져야 멋진 삶을 살 수 있다고 생각하지 마라. 멋지게 살아야 달라질 수 있다.

히어로는 기본 욕구를 잘 안다

—

무엇이 우리에게 동기를 부여하는지 결정할 때 기본 욕구를 살펴보면 도움이 된다. 자신과 세상에 증명해 보이고 싶은 것이 있는가? 즐거운 것, 혹은 기쁨을 주는 것이 있는가? 다른 사람에게 어떻게 인식되기를 바라는가? 질문이 매우 이기적으로 들릴 수 있지만, 솔직해지자. 세상 거의 모든 위대한 성취는 올바른 일을 하려는 여러 동기가 있었기에 가능했다.

기본 욕구는 경제적 자유를 위한 욕구, 알려지고 싶은 욕구, 보상에 대한 욕구, 열정에 대한 욕구, 강해 보이거나 멋져 보이고 싶은 욕구를 말한다. 내가 사업에 성공할 수 있었던 것 역시 부자가 되고 싶다는 욕구 때문이다. 자랑이 아니다. 나는 아직도 정부가 제공하는 무료 급식을 받으려고 줄 섰던 날들을 기억한다. 그리고 아직도 부자들 무리에 끼고 싶은 마음이 있다. 가난한 시절을 보냈다는 것은 돈을 벌고 싶게 만든 슬픈 이유지만, 직업관에 힘을 실어준 가장 큰 동기이기도 하다. 나는 대단한 사람으로 보이고 싶었다.

기본 욕구는 내 삶에 어떻게 작용했을까? 기본 욕구 덕분에 사업체를 열었고 가족을 부양했으며 다른 이를 돕고자 컨설팅 회사를 세웠다. 한마디로 기본 욕구는 멋진 삶을 만드는 데 큰 역할을 했다. 기본 욕구를 해소하는 일은 정신적 치유에 도움이 되었다. 사업에 성공을 거둔 덕분에 나는 나 자신과 다른 사람들에게 나를 증명할 수 있었다. 성공은 내 안의 상처를 아물게 했다. 내게도 열심히 일하고 싶은 의지가 있다고 증명하고 나니 뿌듯했다. 그러나 점차 부자가 되고 싶은 내 욕구가 얼마나 가벼운지 알 수 있었다. 피상적 성공만으로는 성취감을 느낄 수 없다는 것도 깨달았다. 나 자신을 증명한 뒤에는 탄탄한 관계를 쌓는 일과 다른 사람들을 돕는 일에 더 깊이 뛰어들기 시작했다.

삶은 완벽한 척하는 과정이 아니라, 더 나은 내가 되는 여행이다.

자기 동기에 솔직하지 못한 사람은 가장 기만적인 욕구에 따라 움직인다. 그들은 자신이 완벽하다고 믿고 싶어 한다. 즉, 자신이 남들보다 낫기를 바란다. 거기에 이기심이 없을 수 없다.

자신에게 동기를 부여하는 삶의 방향이나 프로젝트를 결정한 뒤에는 이제 어떻게 하면 서로에게 도움이 될 수 있을지 방법을 찾아야 한다. 내가 원하는 것이 지속적인 영향을 미칠 수 있을까? 내가 원하는 무언가를 만들면 누구에게 도움이 될까? 우리가 이뤄낸 것이 불의를 해결하는 데 도움이 될까? 다른 사람들이 우리의 성취를 지나치게 이기적이거나 자기중심적이라고 생각하지는 않을까? 이기심을 덜어내려면 스토리에 무엇을 더해야 할까? 이타적 욕구와 기본적인 욕구를 같이 엮어 이야기해서 이상하게 들리겠지만, 삶이라는 드라마를 이끄는 작가라면 히어로의 미묘한 욕구를 잘 다루어야 한다.

일전에 뻔한 내용이지만, 헤비급 경기에 출전해 자신을 증명해 보이고자 했던 한 권투선수의 삶을 그린 영화를 본 적이 있다. 작가는 먼저 챔피언이라는 권투선수의 야망을 정한 뒤 한 시간가량 그가 얼마나 선량한 사람인지 이야기했다. 작가가 그렇게 구성하지 않았다면 우리는 그가 경기에서 우승하든 말든 별 관심이 없었을 것이다. 아이들을 데려다 가르치고, 미혼모의 집세를 내주고, 노숙자에게 저녁을 사주고, 유기견을 입양하는 그의 모습을 지켜봤기에 그가 우승했을 때 마치 자기 일처럼 기뻐하고 응원하게 된다. 영화는 그가 자신이 도움을 주었던 모든 이와 눈빛을 주고받으며 끝난다. 이 얼마나 감동적인가.

히어로의 야망이 이기적일수록 작가는 그가 얼간이처럼 보이지 않도록 대본을 다듬어야 한다. 여기서 우리가 배워야 할 교훈은 미묘한 욕구에 따라 행동하는 중에도 선한 일을 하려고 노력하고 사람들에게 친절과 관용을 베풀며 이기적인 욕심을 누그러뜨려야 한다는 것이다. 우리의 욕구가 서로에게 도움이 될수록 스토리는 더 큰 내재적 의미를 가진다. 당신을 움직이게 하는 기본 욕구를 찾는 일은 삶의 견인력을 얻고 의미를 경험하는 데 매우 중요하다. 나는 지금 우리 안에 깊이 내재한, 스스로 무언가를 만들고 싶은 욕구를 말하는 것이다. 그 욕구를 어떻게 사용해야 세상을 더 나은 곳, 더 친절한 곳, 더 아름다운 곳, 더 따뜻한 곳으로 만들 수 있는지 생각해봐야 한다.

히어로는 원하는 것을 택한다
—

의미 있는 삶에 필요한 또 하나의 규칙은 너무 많은 것을 원하지 않는 것이다. 원하는 게 없어도 스토리가 엉망이 되지만, 원하는 게 너무 많아도 엉망이 된다. 원하는 게 많다고 잘못은 아니지만 너무 많으면 스토리 자체가 뒤죽박죽되어 버리기 때문이다. 만약 제이슨 본 시리즈에서 본이 봉사활동에 시간을 쏟고, 결혼하고, 아이를 낳고, 유기견을 돌보고 싶어 했다면 영화는 길을 잃었을 것이고 관객들은 투덜거리며 극장을 떠났을 것이다.

작가는 히어로가 무엇을 원하는지 선택해야 한다. 영화 제작자는 스토리가 정리되지 않으면 관객이 따라오지 못한다는 사실을 알고 있다. 그래서 편집실 바닥에는 잘라낸 장면들이 영화에 쓰인 장면만큼이나 나뒹군다.

욕심을 줄이는 일은 어렵다. 예를 들어 나는 경제 경영서 집필을 좋아하지만 소설도 쓰고 싶다. 문제는 졸작이 아닌, 제대로 된 소설을 쓰고 싶다는 것이다. 솔직히 말해서 소설가가 되려면 최소 10년은 걸린다. 하지만 내 나이를 생각하면 시간이 충분치 않다. 게다가 나는 다른 사무실도 운영하고 싶고 회사도 차리고 싶다. 이것저것 하고 싶은 게 많다. 그래서 선택이 필요하다. 나는 몇몇 기회는 작업실 바닥에 던져두고 내가 실제로 할 수 있는 일을 하기로 선택했다. 마치 소설은 신성한 목표고 경제 경영서는 세속적이라서 내가 타협한 것처럼 들릴지 모르겠지만, 그렇지 않다. 나는 내게 두 가지 소명이 있다고 느꼈다. 나는 두 갈래 길 앞에 서 있고 둘 다 가보고 싶었다. 가난하게 자란 탓에 돈이 얼마나 사람을 힘들게 만드는지 잘 안다. 돈 문제가 생기면 건강을 해치는 것은 물론 관계에 어려움을 겪을 수 있다. 그래서 금전적 기회뿐만 아니라 감정적 충족감을 주는 길을 선택했다.

살다 보면 타협이 필요한 때가 있다. 원하는 것을 얻지 못할 때도 있다. 이는 우리가 살면서 깨달아야 할 것들이다. 당신 옆을 스쳐 간 사람들을 생각해보자. 당신이 기혼자라면, 현재 함께하는 이가 아닌 다른 사람과 결혼할 수도 있었을 것이다. 하지만 당신은 그 길을 가지 않았다. 명심하자. 작가는 선택하고 그 선택에 집중한다.

히어로는 중심을 잡고 움직인다

—

작가는 스토리를 쓸 때 결정을 내려야 한다. 대개는 시작에 앞서 주제부터 정해야 한다. 주제는 기본적으로 스토리의 내용이다. 어떤 작가는 주제를 '핵심적인 생각' 혹은 '스토리가 주는 교훈'이라고 부른다. 뭐라고 부르든 주제는 일종의 필터 역할을 한다. 예를 들어 〈로미오와 줄리엣〉의 주제는 '사랑은 목숨을 걸만한 가치가 있다'이며, 〈멋진 인생〉의 주제는 '조용한 친절이 우리 삶에 큰 영향을 미친다'이다.

삶의 목표를 세울 때도 주제부터 정해야 한다. 나는 '삶의 깊은 의미를 경험하고 싶어 하는 사람에게 길을 열어주자'로 정했다. 나는 이를 모토로 삼고 살아왔다. 나의 집, 책, 가족, 회사는 모두 이 주제와 이어진다.

누군가 인생 계획을 세우려 할 때 나는 늘 그들에게 어떤 생각을 주로 하는지 묻는다. 이야기를 나누다 보면 주제가 분명해진다. 미래보다 현재의 삶을 중시하는 사람도 있고 근면 성실을 중시하는 사람도 있으며 돈보다 관계를 중시하는 사람도 있다.

삶의 주제를 정해야 무엇을 할지 생각할 수 있다.

한 주제를 영원히 지속할 필요는 없다. 나이가 들면 주제도 변한다. 젊은 시절 내 삶의 주제는 '많은 걸 이루자' 뭐 그런 거였다. 나이가 들면서 '기술을 익히자'로 바뀌었고 지금은 '누군가를 위해 내 경험을 나누자'가 되었다.

주제는 나이가 들면서 점점 심오해질 것이다. 그렇게 스토리에 챕터가 생긴다. 시기별로 삶의 주제를 정했을 때 좋은 점은 주제, 즉 핵심 생각이 필터 역할을 한다는 점이다. 살다 보면 수많은 갈림길과 수많은 선택 앞에 놓일 때가 있다. 그럴 때 지금 무엇을 하고 무엇을 하지 말아야 할지 결정하는 데 도움이 될 것이다.

주제가 없다면 작가는 수많은 장면과 등장인물, 반전을 스토리에 끼워 넣고 싶어질 것이다. 그랬다간 스토리가 엉망이 된다. 스토리는 주제와 명확한 의미가 있어야 한다. 이 책의 후반부에서는 나와 함께 라이프 플랜을 세워볼 것이다. 그때 삶의 주제를 확장해 현재, 5년, 10년 비전을 그려보자.

주제를 정하면 영화에 담을 장면을 걸러내는 데 도움이 된다. 삶의 구체적인 목적지를 정하면 스토리에 틀이 잡히고 내용 진행에 더 깊은 관심을 기울일 수 있다.

히어로는 끝까지 간다

—

미션을 언제나 달성할 수 있는 것은 아니다. 마라톤을 뛰기로 결심했다가 몇 주 지나지 않아 포기하는 사람이 여럿이다. 그들을 뭐라고 하는게 아니다. 히어로는 마라톤 완주보다 의미 경험에 초점을 둔다. 나는 누군가가 무언가 시도하다 그만둔다면 책이나 영화를 보다 재미가 없어 중간에 덮는 것과 같다고 생각한다. 사실 재미없는 스토리일수록 빨리 포기해야 다른 더 재미있는 스토리를 찾을 수 있다.

여기서 핵심은 포기를 받아들이라는 게 아니라, 포기하지 않게 해줄 열정을 찾아야 한다는 것이다. 주제를 명확히 설정하고 무엇을 원하는지 알면 틀림없이 아침 일찍 일어날 수 있고 바다를 헤엄쳐 건널 수 있으며 맨발로 눈밭을 걸어갈 수 있다. 스토리의 주제를 정하면 노력 여부를 걱정할 필요가 없다.

나는 인스타그램에 근육이나 비싼 차를 과시하며 열심히 살라고 떠들어대는 사람들이 지긋지긋했다. 하지만 달리 생각해보면 그들은 자신이 좋아하고 노력하고 싶은 스토리를 찾았기 때문에 지금의 모습이 된 것이다. 스토리에 견인력이 생기면 노력이 좀 더 수월해진다. 노력이 부족하다고 부끄러워하지 말고, 기꺼이 도전하고 싶은 스토리를 찾아보자.

나는 작가가 되겠다는 결심을 놓지 않았다. 글을 쓰는 것 말고 다른 선택이 없었다. 돈벌이가 되지 않더라도 글을 쓸 생각이었다. 지금도 마찬가지다. 펜 하나 없이 감옥에 갇히더라도 머릿속으로 글을 쓸 생각이다. 글을 쓰고 싶지 않은 때조차도 그런 날엔 어떤 내용을 쓸 수 있을까 싶어 글을 쓸 것이다. 책 덕분에 나는 놀라운 삶을 살 수 있었다. 회고록을 쓰고 경제 경영서를 썼다. 다들 마음속에 무언가를 품듯, 나는 단어를 품고 있다. 이처럼 "나는 무엇을 해야 하는가?"라는 질문은 당신의 스토리를 끌어줄 것이다.

번듯한 직장에 들어가는 것도 좋지만, 우리의 스토리가 반드시 직업적 성취에 관한 것일 필요는 없다. 나는 평생 중요한 책을 쓰고 중요한 프로젝트를 맡는 중요한 사람이 되고 싶었다. 하지만 아빠가 되는 것만큼 나를 중요한 사람으로 만드는 것은 없었다. 에멀린이 태어나는 순간, 나는 내가 세상에 필요한 존재라고 확신했다. 전혀 예상치 못한 일이었다. 작가 앤디 스탠리는 "커리어를 쌓는 게 아니라 자녀를 양육

하는 일이야말로 당신이 세상을 위해 할 수 있는 가장 큰 업적이다"라고 말했다. 나 역시 삶의 가장 큰 의미는 성취가 아니라 누군가에게 도움을 제공하는 것이라고 생각한다.

의미의 중심에는 사랑이 있다. 프로젝트와 세상, 공동체와 가족을 향한 사랑. 우리는 우리를 내어줄 무언가를 찾아야 한다.

아기가 밤에 울면 지치고 피곤하다. 어떤 이는 아이를 낳은 후로 자유를 잃었다고 생각할지도 모른다. 사실이 그렇다. 나와 벳시는 자유를 잃었다. 하지만 의미를 얻었다. 의미에는 대가가 따른다. 다른 사람들의 인생 설계를 도울 때 나는 무엇이 그들을 행복하게 하는지 찾는다. 무엇보다 어떤 것에 계속 호기심을 느끼는지, 그 호기심 때문에 다른 것을 희생할 수 있는지, 자유를 포기할 수 있는지 묻는다.

히어로는 질문한다

—

나는 가끔 글을 쓰다가 막히면 가만히 "어떻게 될까?"라고 묻는다. 만약에 주인공이 사랑에 빠지면 어떻게 될까? 만약에 주인공이 은행 도난 사건에 휘말리면 어떻게 될까? 만약에 주인공이 자신에게 벽을 통과하는 능력이 있다는 것을 알게 되면 어떻게 될까?

'어떻게 될까?'는 작가가 벽에 부딪혔을 때 할 수 있는 최고의 질문이자 우리가 살면서 자신에게 던질 수 있는 가장 좋은 질문이기도 하다. 만약에 직장을 그만두면 어떻게 될까? 만약에 1년간 캠핑카에서 살면 어떻게 될까? 만약에 아이를 입양하면 어떻게 될까?

'어떻게 될까?'는 도전으로 이어진다. '어떻게 될까?'는 아침에 일찍 일어나고 싶게 만들고, 살짝 긴장하게 만든다.

몇 년 전 나는 스스로 "만약에 내가 책을 쓴다면 어떻게 될까?"라는 질문을 던졌다. 그리고 몇 권의 책을 썼다. 그다음에는 "학습과 성장을 돕는 회사를 세우면 어떻게 될까?"라고 물었다. 요즘엔 "미국 정치에 제3의 길을 개척한다면 어떻게 될까?"라고 묻는다.

'어떻게 될까?'라는 질문은 우리 삶에 엄청난 변화를 일으키고 행동으로 이끌 동기를 제공한다. 히어로에게는 '할 일'이 필요하다. 그 일이 흥미롭고 중요할 때 히어로는 행동에 나선다. 이것이 견인력의 본질이다.

히어로는 다른 스토리에 합류한다

—

히어로라고 해서 늘 자신만의 스토리를 만들 필요는 없다. 다른 사람의 스토리에 합류하는 것도 성취감을 준다. 나 역시 그러한 경험이 많다. 대통령 선거 운동에 뛰어들기도 했고 책을 쓰려는 사람을 돕기도 했으며 친구들과 함께 자전거를 타고 대륙을 횡단하기도 했다. 이러한 도전은 모두 다른 누군가가 계획한 것이다. 나는 그저 계약서에 서명했고, 장비를 샀고, 뜻이 맞는 단체에 들어갔다.

여기서 핵심은 삶의 견인차가 될 무언가를 시작하고, 어딘가에 소속되어야 한다는 것이다. 다시 한번 말하지만 스토리가 너무 재미있어 손을 놓을 수 없다는 마음이 드는 것, 그것이 바로 견인력이다. 스토리를 쓰는 일이 늘 즐거울 순 없지만 그래도 써나가야 한다. 스토리를 쓰는 게 지치고 힘들어도 견디고 계속해서 써나가야 재미를 느낄 수 있다.

종종 자기 일을 계획하는 것보다 다른 사람의 일에 합류하는 것이 더 흥미진진하기도 하다. 변화를 추구하는 사람들과 함께하는 것만큼 좋은 것은 없다.

라이프 플랜을 세울 때 먼저 이런 질문을 해보자. 어떤 이야기를 쓸까? 어떤 이야기에 합류할까? 앞으로 1년, 5년, 10년 후 삶은 어떨까?

삶이 고단하다고 죽으려 하지 마라.
어깨에 진 짐이야말로 우리의 목표를
달성하는 데 도움이 된다.
짐을 벗어던지는 유일한 방법은 목표 달성을
생각하며 살아가는 것이다.

_랄프 왈도 에머슨

아침 루틴이 하루를 결정한다

하고 싶은 것, 이루고 싶은 것, 참여하고 싶은 것, 새롭게 시작하고 싶은 것을 정했다면 히어로가 스토리 속으로 첫 발걸음을 내디딘 것이다. 일단 스토리에 발을 들여놓으면 빅터 프랭클이 말한 실존적 공허를 벗어날 수 있다. 삶이 던지는 질문에 대한 답을 얻으려면 행동해야 하기 때문이다.

다음과 같은 질문을 떠올려보자. '원격 근무를 신청해 가족들과 1년 간 세계 여행을 떠나볼까?' '책을 써볼까?' '공동체 텃밭을 시작해볼까?' '계획한 일들이 잘될까?' 질문은 삶에 계속 관심을 갖게 하는 마법과 같다. 모든 스토리는 질문을 중심으로 만들어진다. 팀이 승리를 거둘까? 두 사람이 사랑에 빠져 행복하게 잘 살까? 히어로가 폭탄을 해체할 수 있을까? 질문에 대한 대답을 찾기 위한 행동은 우리를 실존적 공허에서 벗어나게 해 준다.

어떤 질문으로 당신의 스토리를 끌고 갈 것인가?

다시 한번 말하지만 스토리가 질문을 만들어낸다면 스토리 자체는 크게 중요하지 않다. 매력적인 질문에 멋진 대답을 얻기 위해 당신은 삶의 궤적을 기꺼이 바꿀 테니까 말이다.

원하는 것을 정했으면 그다음에 할 일은 끝까지 가는 것이다.

하지만 무언가를 끝까지 해내는 일은 그 자체로 매우 힘들다. 지금 이 책을 읽고 영감을 받아 삶의 가치를 깨우쳐도 어느 순간 이도 저도 아닌 상태가 되어버리기 쉽다. 그러곤 1년 후 삶의 스토리에 아무런 진전이 없음을 깨닫게 될지도 모른다. 따라서 스토리를 만들려면 매일 아침 스토리에 무언가를 '얹어야' 한다. 내가 글을 쓰기 시작하면서 줄곧 했던 일이다. 나는 매일 아침 동네 커피숍에 가서 스토리에 무언가를 얹곤 했다. 그리고 최근엔 친구와 가족의 작은 휴식처인 구스힐을 지으면서 벳시와 함께 얹었다. 회사를 창업할 때도 그랬고 자전거로 전국을 횡단할 때도 종종 욕설을 섞어가며 매일 아침 했던 일이다.

스토리를 쓰는 건 쉬울지 몰라도 삶은 그렇지 않다.

스토리를 쓰는 것은 물론, 사는 것 자체만으로도 벅차게 느껴질 수 있다. 어니스트 헤밍웨이는 파리에서 글을 쓰던 초창기 시절 아파트 창가에 서서 도시를 내려다보며 혼잣말을 하곤 했다. "걱정하지 마. 지금껏 쭉 글을 써왔잖아. 그러니까 쓸 수 있을 거야. 진실한 문장, 그것 하나만 쓰면 돼. 네가 알고 있는 진실한 문장을 쓰는 거야." 헤밍웨이는 그런 마음으로 자리에 앉아 자신의 글에 문장 하나를 얹었다.

지나고 보면 낭만적으로 보일지 몰라도 순간순간은 모든 게 넘어야 할 산이다. 잘 살아보려고 애를 쓰지만 때로는 일이 잘되지 않을 것 같은 두려움에 휩싸이고, 가끔은 너무 지쳐서 삶의 스토리에 아무것도 얹고 싶지 않을 때도 있다. 끊임없는 방해와 우회, 그리고 우리를 정신 나간 사람 취급하는 사람들 때문에 중간중간 멈춰 공백 상태에 빠진다.

그럼에도 앞으로 계속 나아가야 한다. 삶을 흥미진진하게 만들어줄 견인력을 키우기 위해서는 매일매일 삶의 스토리에 작은 무언가를 얹어야 한다. 즉, 우리를 삶이라는 궤도에 머물게 해줄 도구가 필요하다.

나는 15년 동안 아주 간단한 아침 루틴으로 삶의 스토리에 집중과 열정을 유지해왔다. 아침마다 라이프 플랜을 확인하고 데일리 플래너를 작성한다. 아무리 마음이 복잡한 날에도 나의 아침 루틴은 세상을 향한 내 시각을 바꿔준다. 아침 루틴은 내 스토리의 주제가 무엇이고 내 스토리가 왜 중요한지, 오늘은 내 스토리에 무엇을 얹어야 할지를 분명하게 해준다. 나는 그렇게 마음의 안개를 걷어내고 하루를 시작한다.

나의 아침 루틴은 다음과 같다.

1. 나를 위한 추도사를 읽는다

나는 이미 내가 죽고난 뒤 읽힐 추도사를 써놓았다. 그리고 매일 아침 추도사를 읽는다. 나는 이 아이디어를 스티븐 코비에게서 얻었다. 추도사에는 스토리의 결말이 담겨 있기 때문에 하루를 시작하는 데 도움이 된다. 이어지는 내용에서 내 추도사를 소개할 예정이다. 어떻게 썼는지, 매일 아침 활력을 불어넣는 데 어떻게 도움이 되는지 소개하려고 한다.

2. 10년, 5년, 1년 비전 워크시트를 읽는다

이 책 후반부에 각 10년, 5년, 1년 기간의 세 가지 라이프 플랜 워크시트를 실었다. 어떻게 보면 이 세 가지 라이프 플랜이 추도사에 적힌 사람이 되도록 만들었다고 할 수 있다. 프로 골퍼가 공을 넣기 위해 홈을 따라 공이 나가는 라인을 읽는 것처럼, 나는 1년, 5년, 10년 비전 워크시트를 통해 근거리부터 삶을 계획해나간다.

3. 목표 설정 워크시트를 읽는다

최근에 정한 세 가지 목표를 읽는다. 각각의 목표는 전체 라이프 플랜을 세우는 데 벽돌과 같은 역할을 한다. 인간의 뇌는 세 개가 넘는 프로젝트를 한 번에 우선순위에 놓을 수 없다. 그래서 나는 한 번에 딱 세 가지 목표만 세운다.

4. 매일 데일리 플래너를 작성한다

데일리 플래너 양식은 이미 오래 전에 만들었지만, 이 책을 쓰기로 결심하기 전까진 비공개로 유지해왔다. 플래너 덕분에 삶에 집중하고 적정 수준의 열정을 유지할 수 있었다. 삶을 설계하는 데는 이것만 한 게 없다.

히어로는 플롯을 놓치지 않는다

—

아마추어 작가는 스토리 플롯을 놓친다. 미숙한 작가가 쓴 책을 읽을 때 처음에는 히어로가 어떻게 우위를 점령하고 경쟁에서 이기고 폭탄을 해체할까 궁금해 관심이 가지만, 어느새 스토리는 주변 인물들의 등장으로 중구난방이 된다. 이윽고 도전에 직면한 히어로의 스토리는 눈에 들어오지 않는다. 결국 전개는 산으로 가고 독자는 흥미를 잃는다. 그런 책을 읽으면 정신이 어지럽다. 도대체 무슨 얘긴지 알 수 없기 때문이다. 작가가 자신이 무엇을 쓰고 있는지 알기나 할까 하는 마음도 든다.

당신 또한 삶의 스토리 플롯을 잃은 사람을 만나봤을 것이다. 중년에 위기를 맞은 사람들을 떠올려보자. 그들은 중심을 잃고 공허 속에 산다. 어느 날 아침, 눈을 떠보니 의도치 않은 길로 한참을 걸어왔음을 깨달은 것이다. 그렇다면 애당초 왜 플롯을 놓친 걸까? 바로 스스로 삶의 스토리를 매일매일 써나가기보다 외부 힘에 맡겨버렸기 때문이다. 이런 일을 방지하려면 앞으로 자신이 어떻게 살고 싶은지 적고 일주일에 서너 번씩 상기해보자.

지난 15년간 나는 아침 루틴 덕분에 많은 것을 이뤘다. 인생의 깊은 의미를 경험할 수 있었던 것도 매일 라이프 플랜을 확인한 덕분이다. 나는 라이프 플랜을 보며 삶이 내게 던지는 질문을 생각한다. 소규모 기업체의 성장을 돕는 일을 계속해야 할까? 우리 아이는 자신이 세상에 긍정적인 영향을 미칠 수 있다고 믿는 사람으로 자랄까? 이는 내 삶을 이끄는 질문들이다. 나는 매일 아침 내게 이 질문을 던진다. 내 삶이 대답하고자 하는 질문을 생각하면 삶에 견인력이 생긴다. 질문이 흥미로워서 매일 아침 눈을 떠 스토리에 작은 무언가를 얹고 싶어진다. 라이프 플랜을 확인하는 루틴이 없었다면 나는 이미 오래전에 플롯을 놓쳤을 것이다.

히어로는 삶을 습관으로 만든다

—

전문 작가는 글쓰기를 하나의 습관으로 만든다. 나는 이것을 유명한 제작자이자 코미디언인 제리 사인펠트에게서 배웠다. 사인펠트는 자신이 많은 시간 글쓰기와 연기를 루틴으로 삼아 습관처럼 연마했기 때문에 성공할 수 있었다고 말한다. 어느 날 아침, 사인펠트는 글쓰기를 건너뛰고 카페에서 식사하고 있었다. 그러다 우연히 안전모와 점심 도시락을 들고 일터로 향하는 건설노동자들을 보게 되었다. 사인펠트는 문득 창조적인 일과 육체노동이 다를 바 없다는 생각이 들었다. 매일 아침 코미디 대본을 짜고 연기를 연습한다면 어떻게 될지 궁금했다. 그렇게 수십 년간 출근 카드를 찍으며 연습한 결과, 사인펠트는 세계적인 코미디언이 되었다.

제리 사인펠트의 이야기를 듣고 나는 글쓰기를 아침 루틴으로 삼았다. 아무리 펜이 손에 잡히지 않는 날에도 단 하루도 빼지 않고 조금이라도 글을 썼다. 전문 작가는 시간 앞에 자유롭지 않다. 마감 시간에 갇혀 정해놓은 시간에 작업을 끝내야 하기 때문이다. 이것이 바로 내 삶의 방식이다. 회사를 키우고 싶고 구스힐의 건물을 완공하고 싶고 좋은 책을 쓰고 싶고 든든한 남편과 아빠가 되고 싶다. 그러려면 시간을 들여야 한다. 꿈을 꾸는 것만으로는 아무것도 할 수 없다.

나는 언제나 라이프 플랜을 살펴보며 다짐을 되새기고 신경 써야 하는 일들을 점검한다. 계획은 늘 변할 수 있다. 새로운 생각이 떠오르기도 하고 좋은 기회가 생기기도 한다. 하지만 되는대로 살지 않는다. 이것이 바로 핵심이다. 덕분에 내 삶은 대부분 내가 원하는 방향으로 흘러간다.

패배자는 계획을 세우지 않는다. 그저 누군가 나타나 자신을 구해줄 때를 기다릴 뿐이다. 빌런의 계획은 파괴적이다. 그들은 세상에 대한 복수를 도모한다. 히어로는 모두에게 이로운 계획을 세우고 실천한다. 조력자는 자신이 겪은 멋진 경험을 통해 히어로가 의미 있는 스토리를 쓸 수 있도록 돕는다.

이 책의 라이프 플랜은 두 가지 아이디어를 바탕으로 한다. 하나는 빅터 프랭클의 로고테라피이고, 또 다른 하나는 삶을 흥미롭게 만드는 요소들이다. 라이프 플랜은 건설적인 삶을 살도록 이끈다. 또한 당신이 삶의 깊은 의미를 찾도록 돕는다. 15년 전, 세상에는 이미 수많은 라이프 플랜이 있었다. 그러나 나는 그보다 좀 더 단순하게, 매일 활용할 수 있게 만들고 싶었다. 단순할수록 지킬 가능성이 높기 때문이다. 지난 15년간 그 라이프 플랜을 가족, 가까운 친구들과 공유해왔다. 지금은 입소문이 나 수천 명이 내가 만든 라이프 플랜과 데일리 플래너를 사용하고 있다.

삶에 집중하는 방법을 찾고 있다면, 앞으로 써나갈 새로운 삶의 스토리가 궁금하다면, 이 책에 실린 라이프 플랜과 데일리 플래너가 도움이 될 것이다. 내가 바로 효과를 본 증인이니, 믿고 따라와도 좋다.

그 무엇도 직선으로 움직이지 않는다.
어떤 목표도 좌절과 방해를 겪지 않고 이루어지는 법은 없다.

_앤드류 매튜스

제2부

구조 확인하기
나만 쓸 수 있는
치트키를 찾으라

Hero on a Mission

산다는 것은 서서히 태어나는 것이다.

_생텍쥐페리

삶의 마지막 장면을
미리 정해야 하는 이유

이제부터 본격적으로 라이프 플랜 세우기와 데일리 플래너 작성법을 소개하려고 한다. 책에 실린 워크시트를 사용해도 좋고 양식을 참고해 큰 사이즈의 워크시트를 출력해서 사용해도 좋다.

라이프 플랜 세우기는 나를 위한 추도사 쓰기부터 시작한다. 먼저 추도사를 통해 삶의 의미와 긴장감을 느껴보고 어떤 삶을 살고 싶은지 생각해보자. 이어서 10년, 5년, 1년 비전 워크시트를 작성해볼 예정이다. 워크시트를 작성하면서 당신은 원하는 삶의 모습을 상상해보고 중요한 목표를 향해 작은 발걸음을 내디딜 수 있을 것이다. 비전 워크시트를 작성하고 난 후에는 목표 달성의 가능성을 높여줄 목표 설정 워크시트 작성법을 배울 예정이다. 그리고 마지막으로 전체 과정을 하나로 통합하는 동시에 매일매일 쓸 수 있는 데일리 플래너 작성법을 익혀보자.

아내 말고 내 삶에 가장 가까운 동반자는 올해 열세 살인 대형견 루시다. 나는 태어난 지 7주밖에 되지 않은 루시를 집으로 데려왔다. 당시 나는 결혼 적령기를 훌쩍 넘긴 독신이었고 평생을 혼자 살 거라고 확신했다. 그런 나의 외로움을 달래준 존재가 바로 루시다. 포틀랜드에 살던 시절 나는 매일 아침 루시를 데리고 윌래밋강을 산책했다. 우리는 강둑을 따라 1.6킬로미터를 걷곤 했다. 내가 강물에 공을 던지면 루시가 가서 물어왔다. 지금도 루시는 내가 실수로 공을 떨어트리면 모래를 파며 내가 공을 집어 들어 다시 던질 때까지 짖어대곤 한다. 루시가 내 발에 기대 잠을 청할 만큼 피곤해질 즈음에 우리는 집으로 돌아오곤 했다. 집에 온 뒤에는 글을 썼다. 루시를 데리고 몇 시간씩 걸었던 적도 있었다. 상관없었다. 글을 쓰는 일 못지않게 루시와 나누는 에너지는 내게 살아 있다는 감정을 느끼게 해주었다. 루시가 나와 함께 강가를 산책하고 공놀이하는 것을 좋아한다면 나 역시 글 쓰는 일을 즐길 수 있을 거라고 생각했다. 루시는 내게 일이 즐거울 수 있다는 것을 알려주었다.

이 모든 게 14년 전의 일이다. 루시는 더 이상 공을 쫓아가지 않는다. 얼마 전 우리 부부는 루시를 수영장에 풀어놓았는데, 안타깝게도 루시는 다음 날 일어나 걷지 못했다. 일어나보려고 가녀린 뒷다리를 버둥거렸지만 소용없었다. 이제 루시는 더는 수영을 하지 않는다. 조금씩 마지막을 준비하는 루시의 모습을 지켜보면서 내 삶이 더 궁금해졌다. 나는 의미 있는 삶을 살고 있을까? 내 아이가 본받고 싶은 스토리, 삶의 깊은 의미를 경험할 수 있는 스토리를 남길 수 있을까?

루시는 추운 날씨에도 아침마다 현관에 나와 마당으로 내려가는 다섯 개의 계단을 쳐다보며 한참을 서 있는다. 루시는 태어날 때부터 유독 슬퍼 보이는 눈을 가지고 있었다. 어렸을 적에는 그 눈이 어울리지 않았는데 이제는 그 슬픈 눈으로 얼마나 많은 고통을 참으며 계단을 내려가야 마당에 갈 수 있을지 따져보는 것 같다. 루시는 계단을 내려갈 때 첫 번째 계단에 두 앞발을 내리고 뒷발과 꼬리를 끌어당긴다. 그러곤 뒷다리를 바들거리며 한 칸씩 미끄러진다. 마당에 내려가서도 이제 더는 뒷발로 잔디를 파헤치지 않는다. 마치 먼 곳의 소식을 듣는 것처럼 코를 허공에 쳐들고 씰룩거릴 뿐이다. 그러곤 현관 쪽으로 고개를 돌려 나를 바라본다. 나는 루시가 다시 계단을 올라올 힘이 있을까 걱정스럽다. 내가 들어 안아 방까지 데려다주면, 이제 루시는 온종일 잠을 잘 것이다.

벳시와 나는 수의사를 찾아 언제쯤 루시를 떠나보내야 할지 물었다. 수의사는 루시에게 소염제를 투여하며 지금은 그저 기력이 없을 뿐이지만 곧 고통스러워할 거라고 말했다. 정신이 번쩍 들었다. 두려웠다. 이야기에는 끝이 있다. 아이들과 갓 태어난 강아지에게 죽음은 먼 이야기일 것이다. 하지만 인간도 개도 죽는다. 우리는 얼마나 더 살 수 있을까? 아마 루시보다 두 배, 아니 세 배쯤 더 살 것이다. 하지만 내게 다른 개는 필요 없다. 그저 루시가 필요하다. 루시가 우리와 함께 에멀린이 자라는 모습을 지켜봤으면 좋겠다. 강을 따라 산책하며 함께 삶의 스토리를 썼으면 좋겠다. 영원히.

빅터 프랭클이 내게 속삭인다. "영원할 수 없어서 더 간절한 거라네." 그렇다. 누구도 영원히 살 수 없다. 우리는 모든 걸 남겨두고 떠나야 한다.

나는 1000권의 책보다 루시를 통해 삶에 대해 더 많은 것을 배웠다. 손님을 반갑게 맞는 법을 배웠고 운동이 재미있다는 것을 배웠다. 낮잠이 꼭 필요하다는 것도, 슬픔은 나누고 의리는 지켜야 한다는 것도 배웠다.

내가 짓고 있는 구스힐의 '구스'는 루시의 닉네임이다. 루시의 이름을 딴 이유는 루시처럼 이곳을 방문하는 사람들을 반갑게 맞고 진심으로 대하며 음식과 낮잠을 즐기고 싶었기 때문이다. 내 삶의 스토리가 이렇게 전개된다면 만족스러울 것이다.

우리의 스토리를 전하다

—

뱃시와 나는 멋진 결혼 생활을 유지하기 위해 노력해왔다. 짚고 넘어가야 할 것과 그냥 넘겨야 할 것을 배우고 서로의 가치관을 맞췄다. 다툼을 피하고 구스힐과 회사에 열정을 쏟아부었다. 삶의 기본 리듬을 맞춰 같이 일하고 같이 쉬며 여가를 보낸다. 결혼 전 뱃시는 워커홀릭인 남편은 싫다고 했다. 그래서 나는 일뿐만 아니라 가족, 여행, 행복에 관한 삶의 스토리를 쓰기로 마음먹었다.

하지만 에멀린이 태어나면서 상황이 달라지기 시작했다. 에멀린이 커가면서 어떤 드라마가 펼쳐질지 궁금했다. 에멀린이 우리를 좋아할까? 에멀린이 세상에 잘 적응할까? 에멀린이 우리처럼 해변에 앉아 책 읽는 걸 좋아할까?

이 모든 게 이기적으로 들린다는 건 알지만, 솔직한 심정이 그렇다. 지금 우리 부부는 아름다움과 의미로 가득한 멋진 삶을 살고 있다. 그래서 이 생활이 끝날까 봐 두렵다.

에멀린은 뱃시의 뱃속에서 임신 초기부터 활발하게 움직였다. 뱃시가 고등학교 때 수영선수였기 때문에, 우리는 에멀린이 엄마를 따라

뱃속에서 플립턴을 한다고 여겼다. 벳시는 아침저녁으로 배 위에 손을 올려보라고 했다. 그러곤 아기가 춤을 추고 발길질할 때마다 미소를 지었다.

"아기가 나오고 싶나 봐." 내가 말했다.

"당신, 무릎 수술을 하길 잘했어. 이 애를 키우려면 무릎이 튼튼해야 할 것 같거든." 벳시가 웃으며 말했다.

우리는 본능적으로 이제 부부보다 부모로서 막중한 책임을 느끼며 살아갈 거란 걸 깨달았다. 이제 나와 벳시는 더 큰 목적을 위해 서로 도와야 한다. 에멀린이 세상을 살아갈 수 있도록 삶과 사랑에 관한 모든 것을 전해주어야 한다.

몇 달 뒤 에멀린이 태어나자 지금껏 느껴보지 못한 막중한 책임감을 느꼈다. 어떻게 그런 마음이 들었는지는 모르겠다. 중요한 사람이 되고 싶고 중요한 일을 하고 싶다는 나의 욕구보다 아이가 우선이 되었다.

분만실에 들어가기 전까진 그 안이 그렇게 밝은 줄 몰랐다. 그곳은 마치 슈퍼볼 경기가 열리는 경기장 같았다. 의사들에겐 그곳이 일상이겠지만 우리에겐 그동안 한 번도 경험하지 못했던 행복을 선사하는 곳이었다. 우리는 침착함을 유지했다. 나는 벳시 옆에 앉아 그의 손을 잡았다. 가림막이 있어서 벳시보다 내가 먼저 에멀린을 만났다. "여보, 아기가 정말 예뻐. 무척 사랑스러워." 나는 벳시에게 아기에 대해 말해주었다. 의사는 마치 에멀린을 무대에 올리듯 조명 아래로 높이 들어올렸다. 콧속에 공기가 들어가자 에멀린이 살구색 입을 오물거렸다. 그러곤 눈을 꼭 감고는 마치 겁에 질린 어린 양처럼 울어댔다. 금방이라도 부서질 것만 같았다. 에멀린은 기적 그 자체였다.

　나는 벳시의 손을 잡은 채 자리에서 벌떡 일어났다. 의사들은 에멀린을 씻기고 몸무게를 쟀다. 나는 넋을 잃은 채 아기를 품에 안았다. 그 찰나의 순간에 세 사람의 영혼에 이토록 엄청난 변화가 일어나다니. 그게 어떻게 가능하단 말인가? 나는 에멀린의 얼굴이 우리 가족의 과거, 현재, 미래를 보여주는 수정 구슬이라도 되는 양 빤히 들여다보았다. 키와 몸무게를 재고 난 후 의사가 에멀린을 벳시의 가슴 위에 올려주었다. 우리 셋은 동시에 울었다. 지금에야 꺼내는 이야기지만, 에멀린은 우리가 생각했던 것과 매우 달랐다. 에멀린은 우리 삶에 사랑을 안겨주었지만 동시에 정말 낯선 존재이기도 했다. 에멀린은 금세 아기 돼지처럼 코를 벌름거렸다. 우리는 웃음을 터트렸다. "에구, 귀여워라. 꼬마 아가씨, 이제 우린 한 식구란다."

　차를 운전할 때도 면허증이 필요한데 하물며 아기를 키우는 데 아무것도 필요치 않다니. 보통 아기가 태어나기 전 사람들은 당신을 보며 아기를 키울 수 있겠냐고 걱정할 것이다. 하지만 만약 당신이 나처럼 마흔네 살이며 회사를 경영하고 있다면 그렇게 생각하지 않을 것이다. 나는 준비가 되어 있었다. 그간 습득한 경영 전략으로 에멀린을 키울 계획이었다. 어서 모든 게 안전한 구스힐로 에멀린을 데려가고 싶었다.

　다만 한 가지, 에멀린의 출산을 앞두고 세상을 바꿔보겠다는 이전의 내 포부를 잃게 될까 봐 걱정됐다. 아빠 역할에 푹 빠져 글을 쓰지 않거나 일을 하지 않을까 봐 두려웠다. 하지만 친구 폴은 그럴 리가 없다고 했다. 그러면서 내가 드디어 세상에 남길 유산에 대해 생각하기 시작했다고 말했다. 그 말은 내게 새로운 영감을 주었다. 폴은 내 스토리와 내 이름이 에멀린에게 영향을 주기 때문에 자연스레 포부를 실현하고 싶어질 거라고 말했다.

에멀린이 집에 오고 몇 주 만에 폴이 말한 대로 됐다. 나는 원래 누군가에게 기억되고 싶어 하는 성향이 아니었지만, 이 작은 아기가 '밀러'라는 내 이름을 가지고 산다고 생각하자 내 이름에 좋은 의미를 담고 싶어졌다.

에멀린을 보니 인생이 정말로 짧다는 생각이 들었다. 적어도 남은 내 삶이 참으로 짧은 것 같았다. 30년? 어쩌면 더 적게 남았을지도 모른다. 손주를 보지 못할 수도 있다. 내가 세상을 떠나면 에멀린은 바로 이 집을 떠나 독립할지도 모른다. 그거야 알 수 없는 일이다. 삶은 아름답지만, 일시적이다. 우리는 영원히 살 수 없다. 새 생명의 아름다움과 죽음의 슬픔이 언제나 우리와 함께한다.

에멀린이 태어나기 전부터 아이가 나중에 볼 수 있도록 짧은 영상을 찍기 시작했다. 구스힐을 찍고 어린나무들을 찍었다. 언젠가 에멀린이 자라 그 나무 아래에서 결혼식을 올릴지도 모를 일이다. 에멀린과 나무는 튼튼하고 아름답게 자랄 것이다. 에멀린이 40대, 50대가 되어 아빠가 남긴 메시지를 보는 모습을 상상해본다. 나는 에멀린 곁을 떠나고 싶지 않다. 그래서 이 영상을 만들고 있다. 물론 영원히 남아 있는 건 불가능한 일이다. 우리는 모두 언젠간 떠나야 한다. 아이들과 손주들에게 우리가 살아온 이야기를 남기고 떠나야 한다. 모든 이야기엔 끝이 있다.

에멀린을 병원에서 데려오던 날 아침, 나는 벳시와 처제가 차에 타도록 도와주고 간호사와 함께 에멀린을 유아용 시트에 눕혔다. 그런데 병원 위층에서 소름 끼치는 비명이 들렸다. 나는 간호사를 쳐다봤다. 그 역시 비명을 들은 게 분명했다. 간호사에게 에멀린을 맡기고 냅다 소리가 난 곳으로 달려갔다. 모퉁이를 돌아 계단 입구에 막 들어서는데 한 여자가 바닥에 주저앉아 울고 있었다. 그 옆에 다른 두 여자도 울고 있었다. 가까이 다가가 무슨 일이냐고 묻자 여자 하나가 사랑하는 사람을 잃었다고 말했다. 나는 손을 가슴에 얹고 나 역시 마음이 아프다고 말했다. 그러곤 바닥에 주저앉은 여자가 일어날 수 있도록 도와주었다.

차로 돌아오는데 새삼 시작이 있으면 끝도 있다는 생각에 정신이 번쩍 들었다. 우리는 흙에서 태어나 흙으로 돌아간다. 영원할 것처럼 보이지만 그건 젊은 사람들의 생각이다. 영원은 에멀린의 것이고 내 삶은 길어야 고작 30년이다.

언제 죽을지는 누구도 알 수 없지만, 죽음을 회피하는 일은 진실을 회피하는 것과 같다. 패배자는 세상이 무섭다며 질끈 두 눈을 감아버린다. 하지만 히어로는 다르다. 진실을 마주하고 그 안에서 영감을 주는 삶을 살고자 애쓴다.

죽음은 나쁜 게 아니다. 모든 훌륭한 스토리에는 시작과 중간, 그리고 끝이 있다. 끝이 있어야 그 스토리를 이해할 수 있다. 결말이 있어야 교훈을 얻고 감동할 수 있다. 스토리가 끝나야 그 스토리가 다른 이들의 기억에 남고, 그런 당신의 스토리를 사람들이 본보기 삼아 의미를 경험할 수 있다.

벳시와 에멀린, 그리고 루시와 함께하는 삶이 영원할 수 없다는 건

슬프다. 하지만 죽음은 여러 면에서 의미가 있다. 죽음이 있기에 우리는 긴장하며 살아간다. 끝이 없다면 모든 걸 미룰 테니 그 어떤 행동도 중요하게 여기지 않을지도 모른다. 죽음이 있기 때문에 우리는 바쁘게 산다. 내 삶이 나 스스로 의미가 있는지, 다른 이들에게 어떤 영감을 주는지는 전적으로 나에게 달려 있다.

시나리오 작가와 소설가들은 글을 시작하기에 앞서 먼저 끝을 정해 놓는다. 이는 전통적인 글쓰기 전략이다. 아름답고 의미 있는 마지막 장면을 먼저 정해두고 첫 장면을 시작한다. 의미 있는 삶의 스토리를 쓰는 가장 좋은 방법은 인생의 마지막을 맞았다고 생각하고 그동안 살아온 날을 돌아보며 있었던 일들을 써보는 것이다. 그래서 지금, 삶과 죽음에 관해 이야기하는 것이다.

나를 위한 추도사를 쓰자

—

이제 라이프 플랜 세우기를 연습해볼 예정이다. 라이프 플랜은 워크시트에 있는 각 문항을 완성하도록 구성했다. 아침 루틴으로 삼을 수 있는 라이프 플랜과 데일리 플래너를 작성해보자. 제일 먼저 나를 위한 추도사를 써보자. 자기 자신을 위해 추도사를 쓰라니 처음엔 이상하게 들릴 것이다. 하지만 추도사를 쓰면서 생각을 집중하고 영감을 얻을 수 있다. 다음 장에서 추도사를 작성하며 살아온 삶을 돌아보고 마음의 안정을 찾아보자. 더 많은 행위 주체성을 수용하게 될 것이다.

나는 추도사를 통해 인생에서 더 나은 결정을 내릴 수 있는 필터를 만들었다. 오늘 아침만 해도 아침 루틴을 저버리고 어젯밤에 보던 어니스트 헤밍웨이의 삶을 그린 최고의 다큐멘터리를 마저 볼 수도 있었다. 하지만 책을 펼치고 작업을 시작했다. 왜 그랬을까? 나는 매일 아침 내 삶의 마지막 날을 떠올린다. 그래서 삶을 마무리할 때쯤엔 내가 약속한 것들을 모두 지켜냈기를 바란다. 아침 루틴을 저버리고 다큐멘터리를 보는 것으로는 내가 한 약속을 지킬 수 없다. 추도사에 적힌 사람이 되기 위해서는 다른 작가의 삶에 골몰하기보다 직접 글을 써야 한다. 추도사를 쓰고 죽음이라는 현실을 맞이하면 여러 면에서 삶을 더 흥미롭고 의미 있게 만들 수 있다.

째깍째깍 시간은 흐른다

—

작가는 한정된 시간을 이용해 드라마의 극적 효과를 높인다. 시간이 흐르지 않으면 스토리는 재미가 없어진다. 다음에 러브 스토리를 볼 기회가 생기면 단순히 사랑에 빠진 한 커플의 이야기가 아니라는 점에 주목하자. 예를 들어보자. 남자가 한 여자와 사랑에 빠진다. 하지만 여자는 남자의 형과 결혼을 앞두고 있다. 형은 매우 막돼먹은 인간이라, 그와 결혼하면 여자가 불행에 빠질 게 분명하다. 결혼식은 다음 주 토요일 12시로 예정되어 있다. 남자가 여자를 설득할 수 있는 시간은 오직 6일뿐이다.

스토리는 지금부터다. 왜일까? 다음 주 토요일이라는 정해진 시간이 행동을 촉발하기 때문이다. 곰곰이 생각해보면, 당신이 읽은 책이

나 거의 모든 영화가 이런 식일 것이다. 제한 시간 안에 폭탄을 해체해야 하고 빌런이 가로채기 전에 보물을 발견해야 한다. 운동 경기 역시 시간제한이 드라마를 만들어낸다. 남은 시간 안에 2점을 득점해야 우리 팀이 승리할 수 있는 것처럼.

시간제한이 없다면 매력적인 스토리를 쓰기가 어렵다.

추도사가 역할을 정한다
—

나는 아내와 딸의 삶에서 그들의 버팀목이 되고자 한다. 벳시는 온기와 창문 역할을 할 것이다. 늘 그랬듯 기쁨을 주고 긴장을 풀어주며 안정을 줄 것이다. 영양분도 가져다줄 것이다. 벳시는 놀라운 존재다. 물론 내 역할도 중요하다. 나는 그들의 기둥이 되고 싶다. 나라는 토대를 기반으로 내가 사랑하는 사람들이 꿈을 이룰 수 있기를 바란다.

하지만 소망만으로 부족하다. 시계가 째깍째깍 시끄럽게 죽음이 기다리고 있다고 말해주지 않으면, 좋은 아빠가 되겠다는 내 소망을 행동으로 옮기는 데 절박함을 느끼지 않을 것이다. 유명 감독 론 하워드의 딸이자 배우이며 감독인 브라이스 하워드는 최근 〈아빠〉라는 다큐멘터리를 제작했다. 얼마 전 우리 부부는 그 다큐멘터리를 시청했다. 훌륭한 아버지 론 하워드는 자녀들에게 의미 있는 유산을 남겼다. 론 하워드는 직업적인 면에서 성공을 거두었고 늘 아이들 곁에 있어 주었다. 가족에게 든든한 기둥이 되어주고 싶었던 나는 론 하워드가 가족에게 주고자 했던 세 가지, 즉 사랑, 안전, 모범에 주목했다. 나는 그 키워드를 나를 위한 추도사에 넣었다.

매일 스스로 목표를 되새기지 않으면 스토리는 금세 길을 잃는다. 나 역시 추도사를 쓰지 않았거나 이를 일주일에 몇 번씩 다시 들여다 보지 않는다면 딸이 성공적인 인생을 살 수 있도록 버팀목이 되어주겠다는 다짐을 잊을지도 모른다. 내가 아내를 사랑하듯 내 딸이 자신이 사랑하고 자신을 사랑해주는 사람과 결혼했으면 좋겠다. 그리고 내 스토리가 남은 사람들에게 영감을 주었으면 좋겠다. 추도사를 쓰지 않았다면 시간이 유한하다는 사실을 잊었을 것이다. 나는 삶이 주는 도전보다 즐거움에 쉽게 빠지는 편이지만, 진실을 외면하고 싶진 않다. 분명히 말하지만, 나는 죽음이 기다리고 있다는 사실에 휘둘리지 않는다. 나는 삶을 진심으로 사랑한다. 삶은 숨겨진 보물들로 가득하다. 그 보물을 계속 찾아가고 싶다.

어쩌면 죽음이 의미를 경험하는 삶에 방해가 될지도 모른다. 의미를 경험할수록 삶에 더더욱 집착하게 될 테니까 말이다. 그렇다고 하더라도 죽음과 죽음을 받아들이려는 마음이 있어야 한다. 우리는 빼앗길 거란 걸 알 때 더 집착한다.

죽음이 우리를 위해 일하고 있다. 죽음의 실체가 째깍거리는 시계가 되어 삶의 가치를 분명하게 하고 삶에 긴장감을 가져온다.

내 삶의 카운트다운 세기

—

째깍거리는 시계가 히어로에게 긴장감을 준다는 사실을 확인했으니, 이제 우리의 삶이 얼마나 남았는지 생각해보자. 스토리에 견인력을 키우려면 시간이 유한하다는 사실을 마주해야 한다.

얼마나 더 살 수 있을까? 엔딩 크레딧이 오르기까지 얼마나 남았을까? 언제 죽을지 아는 사람은 없다. 하지만 계산해보면 대략은 알 수 있다. 미국인의 평균 수명은 78.5세다. 유전자가 건강하다면 5년 정도 더 살 수 있을 것이다. 반면에 가족력이 있다면 5년 정도 먼저 사망할 수도 있다. 대략 그 정도가 우리에게 남은 시간이다. 이미 78.5세를 넘겼다면 평균 곡선을 넘어선 것이다. 과학자들 말에 따르면 요즘 시대에 태어나면 100세까지 살 거라고 한다.

만약 당신이 시련을 극복했다면 스토리의 마지막을 훌륭하게 장식할 수 있을 것이다. 당신의 스토리가 멋지게 마무리될지 아닐지는 오로지 당신에게 달려 있다. 60년이든 6개월이든 남은 시간에 멋진 스토리를 써야 한다.

나는 남은 날을 헤아리는 일이 삶에 도움이 된다고 믿는다. 그래서 죽음이 기다리고 있다는 진실을 받아들인다. 앞서 언급했듯 째깍거리는 시계 소리가 삶의 스토리에 박차를 가하기 때문이다. 당신에게 남은 시간은 얼마인가? 잠시 우리가 언제쯤 죽게 될지 생각해보자. 결혼했다면 당신이 죽을 때쯤 배우자가 몇 살일지 따져보자. 자녀가 있다면 그쯤에 그들은 몇 살이 될까? 펜을 들어 남은 시간을 가늠해보자.

연습 문제 1

나는 _____세에 죽는다.

연습 문제 2

내가 _____세에 사망한다면 지금 내게 남은 시간은 _____년이다.

꿈을 추진하는 힘은 이성이 아니라 욕망이며,
두뇌가 아니라 가슴이다.

_도스토옙스키

왜 관심의 방향이 중요할까

에멀린을 집으로 데려오기 전날, 벳시는 내게 아기 이불을 미리 집에 가져다 놓으라고 했다. 루시가 아기 냄새를 미리 맡고 익숙해지면 아기가 위험한 존재가 아니라는 것을 알게 될 거라고 생각해서였다. 나는 과연 그럴까 싶었다. 마침내 에멀린을 데리고 현관문을 들어서자, 루시는 특별한 존재의 출현을 곧바로 감지했다. 그는 힘겹게 계단을 기어 내려와 뻣뻣해진 두 다리를 일으켜 세우고 숨을 헐떡이며 마치 깃발을 흔들듯 꼬리를 흔들었다. 우리가 카시트를 내려놓자 에멀린의 발가락에 코를 대고 킁킁거렸다. 그러곤 수고했다는 듯 우리를 올려다보았다. 에멀린이 자그마한 두 팔을 하늘로 뻗을 때도 루시는 아무런 경계를 품지 않았다. 루시 역시 자신이 지켜야 할 존재가 하나 더 생겼다는 것을 알았으리라.

이다음에 에멀린에게도 루시처럼 좋은 친구가 있으면 좋겠다. 나는 에멀린을 토닥여 재울 때마다 무엇보다 에멀린에게 좋은 사람을 고를 줄 아는 지혜와 공동체를 이루려는 열정이 있기를 기도한다. 그리고 에멀린이 평생 함께할 친절하고 상냥하고 지혜로운 친구를 만나기를 기도한다.

히어로가 나온다고 다 좋은 스토리는 아니다. 히어로가 사랑하고 의지하는 사람, 히어로가 구하고자 하는 사람의 이야기가 있어야 좋은 스토리다. 스토리는 히어로의 눈으로 전달되지만 그 내용은 대체로 여러 사람이 어우러져서 펼쳐진다. 추도사를 쓰기 전에도 우리가 누구와 함께, 누구를 위해 삶의 스토리를 쓰는지 생각해야 한다. 즉 프로젝트나 미션을 정하고 난 후에는 빅터 프랭클이 말한 의미 있는 삶의 두 번째 요소인 우리가 속한 공동체와 우리 주변에 일어나고 있는 일에 대해 생각해보아야 한다.

히어로는 다른 사람들과 함께, 혹은 다른 사람들을 대표해 미션을 완수하기로 결심한다. 히어로는 이기적인 목표를 세우지 않는다. 물론 성취를 통해 약간의 영광이야 누리겠지만 그들의 행동이 값진 이유는 자신이 아닌 다른 사람들에게 도움이 되기 때문이다.

종종 시나리오 작가는 히어로와 다른 등장인물의 관계성을 보여주느라 무척 애를 쓴다. 우리는 히어로의 눈을 따라 그의 어머니, 아버지, 형제자매, 친구, 자녀를 만난다. 히어로가 사랑하는 사람과 갈등을 겪고, 깊은 대화를 나누는 모습을 지켜본다. 작가는 왜 이런 내용을 담을까? 우리가 사람들과 깊은 관계를 맺는 사람을 응원하고 그렇지 않은 사람을 못 미더워하기 때문이다.

다른 사람들의 행복을 생각할 때 스토리가 발전한다. 이런 점에서 빌런은 히어로와 대조적이다. 빌런에게는 하수인만 있을 뿐 친구가 없다. 그의 주변엔 그가 무서워 명령을 따르는 사람들뿐이다. 빌런에게 그들은 소모품이다. 그는 사람을 이용할 뿐 사랑하지 않는다. 친구가 있는 것처럼 보이지만 실상은 그렇지 않다. 친구란 모름지기 서로를 용서하고 이해하며 문제를 함께 해결하는 존재다. 그러나 빌런은 하수인이 더는 쓸모없다고 판단되면 가차 없이 버린다. 물론 사람들은 빌런에게 매력을 느낀다. 빌런을 동료로 느껴서가 아니라 자신의 보호막이 되어줄 거라고 생각하기 때문이다. 내가 힘이 약해 나를 보호해줄 강한 사람이 필요할 때 빌런에게 복종하고 그들을 섬긴다. 빌런의 부하들은 충성을 맹세하면 그가 자신을 지켜줄 거라고 믿지만, 천만의 말씀이다. 빌런은 누구와도 친구가 될 수 없다.

디즈니 원작의 영화 〈크루엘라〉는 고아 소녀 에스텔라의 스토리를 아주 흥미롭게 그려낸다. 영화 속 소녀는 '크루엘라'라는 빌런으로 거듭나 자신의 아름다운 디자인으로 패션업계의 악명 높은 남작 부인을 무너트리려고 한다.

청중이 공감하고 응원하는 빌런의 스토리를 쓰기란 쉬운 일이 아니다. 하지만 〈크루엘라〉 작가가 그 일을 해냈다. 그는 먼저 크루엘라보다 더 나쁜 빌런(남작 부인)을 만들어 크루엘라(에스텔라)를 덜 나빠 보이게 만들었다. 그리고 그의 주변에 마음이 따뜻한 친구들을 두었다. 크루엘라 옆에는 재스퍼와 호레이스, 그리고 강아지 윙크가 있었다.

이 영화의 재미있는 점은 영웅적 본능을 드러내는 에스텔라는 재스퍼와 호레이스를 자신과 동등하게 여기고 심지어 형제처럼 대하지만, 빌런의 본능을 드러내는 크루엘라는 친구를 마치 복수에 필요한 하나의 수단으로 취급했다는 것이다. 크루엘라는 친구를 마치 하인 대하듯했다. 만약 정도가 지나쳤다면 관객이 크루엘라에게 악담을 쏟아냈을 것이다. 하지만 영화가 끝나기 전 크루엘라는 잘못을 뉘우치고 친구들과 화해하며 관객을 자기편으로 끌어들였다. 이처럼 작가는 빌런인 크루엘라와 히어로인 에스텔라를 친구들을 대하는 방식으로 구분했다. 나는 이점이 삶이 우리에게 주는 교훈이라고 생각한다.

흔히 힘 있는 사람이 되면 빌런과 히어로 사이에서 흔들리기 마련이다. 책임질 것이 많아지고 따르는 사람이 많아지면 점점 그들을 이용하고 싶은 마음이 커진다. 그래서 많은 유명인이 갑자기 옛 친구들을 하인 부리듯 하다 비난받고 무너지는 것이다. 삶의 스토리를 좌우하는 핵심 요소는 다른 사람과 어떤 관계를 맺느냐다. 어쩌면 관계에 노력을 쏟는 것보다 그저 이용하고 싶은 유혹이 들지도 모른다. 하지만 그런 행동은 대가를 부른다. 삶은 대부분 위계 구조로 이루어져 있지만, 히어로와 조력자는 동료를 진심으로 아끼고 사랑한다.

추도사를 쓰다 보면 남겨질 친구와 가족들을 생각하게 된다. 하지만 당신에게 스토리가 담긴 의미 있는 공동체가 없다면 어떻게 해야 할까?

당신이 만든 공동체는 추도사를 쓸 때 고려해야 할 또 다른 요소다. 생각해보면 관계와 공동체는 처음부터 삶의 일부로 설계되어 있다. 심지어 내 삶의 스토리에서는 에멀린의 탄생조차 사전에 설계된 반전으로서, 벳시와 내가 에멀린과 함께 끈끈한 관계를 맺도록 몰아넣는다.

하지만 냉정하게 말하면 아이만큼 삶의 계획을 방해하는 존재가 있을까? 어느 날 갑자기 우리는 우리 자신이 아닌, 한없이 약하기만 존재를 위해 살아가게 되었다. 빅터 프랭클은 환자들에게 의미를 경험하는 방법으로 '공동체 결성'을 처방해주었다. 함께 어울려 살아갈 때 로고테라피를 경험할 기회가 많아진다. 물론 관계 맺기는 어렵다. 그만큼 집중과 노력이 필요하다. 어쩌면 아이가 우리의 내면을 끄집어내 주는 강력한 요인이 아닐까 싶다. 나는 아기가 태어나면 어떨 것 같은지 다른 부모들과 이야기를 나누다가 그들이 혼란스러워 한다는 것을 알게 되었다. 모두 아기가 얼마나 사랑스러울지 이야기하면서도 잠도 못 자고 쉴 새 없이 기저귀를 갈아야 할 거라며 걱정했다. 사실 나 역시 부모가 되고 몇 주 동안은 죽을 것만 같았다. 밤에도 아내와 번갈아가며 아기를 돌봐야 했고 잠이 부족했다. 이유를 알 수 없는 울음소리에 근심이 쌓였고, 배가 고프면 어쩌나 방이 추우면 어쩌나 숨이 막히면 어쩌나 이런저런 걱정에 잠을 제대로 잘 수가 없었다. 그로 인해 편집증 증세까지 나타났다. 하지만 한편으로 이 과정을 즐겼다. 힘들면 힘들수록 더 헌신했다. 아이를 기르는 일은 온갖 상반된 감정을 동시에 불러일으킨다. 우리 부부는 사랑의 급류를 타고 떠내려가다 기쁨과 성취감이라는 바위를 만났다.

부모가 되기 전에는 다른 부모들을 보며 다들 아기에게 푹 빠져 넋이 나가 있다고 생각했다. 눈은 빨갛게 충혈되고 머리는 헝클어졌으면서 뭐가 그리 좋은지 계속 웃어대며 작고 귀여운 아기를 끌어안고 자기 아기 좀 보라고 우리를 향해 손짓했다. 에멀린 역시 우리를 그렇게 만들었다. 우리는 피곤하고 우울하고 신경질적이지만 행복에 빠진 중독자가 되었다. 이 모든 것이 계획된 것이다. 관계, 특히 가까우면서도 어려운 관계는 삶의 질과 깊은 의미에 엄청난 영향을 미친다.

추도사를 쓸 때 우리는 우리에게 감동을 준 사람들과 그들이 살아온 삶보다 우리가 이룬 업적이나 프로젝트를 생각하기 쉽다. 하지만 배우자와 자녀, 친구, 동료를 떠올리면 추도사에 깊은 의미를 더할 수 있다. 아침 루틴을 행할 때 관계의 중요성을 다시 한번 떠올릴 수도 있다. 빅터 프랭클의 로고테라피, 그 두 번째 요소는 '무언가 혹은 누군가를 만나는 것'이다. 그는 삶을 다른 이와 공유해야 한다고 말한다. 이는 오직 히어로나 조력자만이 가능하다. 빌런이나 패배자는 삶을 공유할 수 없다.

패배자가 가진 문제 중 하나는 자신을 피해자라고 생각하는 것이다. 여러 번 말하지만, 실제로 피해를 본 사람은 출구 없는 감옥에 갇혀 있기 때문에 당연히 그럴 수 있다. 하지만 실상은 그렇지 않은데 자신을 패배자라고 생각하는 사람은 건강한 관계를 맺을 수 없다. 그래서 삶의 의미를 찾을 수 없다. 관계는 서로에게 도움이 될 때 건강해진다. 상대방이 나를 행복하게 하고 내가 상대방을 행복하게 할 때, 그렇게 서로 긍정적인 감정을 나눌 때 관계가 발전한다. 하지만 서로 자신을 패배자라고 생각한다면 나누려 하기보다 빼앗으려 할 것이다.

다들 한 번쯤 카프만의 드라마 삼각형을 경험해봤을 것이다. 정신과 의사인 스티븐 카프만은 캐릭터가 맡을 세 가지 역할을 삼각형으로 배치한 이 심리 모델에서, 패배자가 아닌데도 자신을 패배자라고 여기는 사람과 상호작용을 했을 때 어떤 일이 일어나는지 설명한다. 먼저 패배자는 구원자의 관심을 끌기 위해 자신을 '희생자'로 만든다. 그러면 '구원자'는 만족감을 느끼기 위해 패배자를 돕는 일에 뛰어든다. 그러다 능력과 인내심이 바닥나면 '박해자'가 되어, 자신이 돕고자 했던 패배자를 비난하고 괴롭히기 시작한다. 그동안의 삶을 돌아보면, 이 드라마 삼각형의 세 가지 역할을 모두 했을지 모른다. 만약 당신이 지금 카프만의 삼각형에 있다면 건강한 관계를 맺기가 어렵다.

건강한 관계는 도움을 주고받는 사람들 사이에 존재한다. 그들은 자신의 권리를 중시하며 상대방에게 자신의 힘과 관용을 베푼다.

한번은 책에 진정한 사랑이란 점수를 매기는 게 아니라고 쓴 적이 있다. 하지만 지금 생각하면 틀린 말이다. 일일이 점수를 매겨야 하는 건 아니지만, 건강한 관계라면 주는 만큼 받기를 원한다. 주는 게 있으면 받는 게 있어야 친밀감이 쌓이고 긍정적 순환 관계가 만들어진다.

어쨌든 관계는 의미 있는 삶의 중요한 부분이다. 관계를 맺지 않고 관계에 주의를 기울이지 않는다면 삶의 의미를 발견하기가 어렵다.

미션 중인 히어로는 세상을 본다

—

한편 프랭클은 타인과의 관계가 우리가 세상을 경험할 유일한 방법은 아니라고 말한다. 주변의 아름다움 역시 우리를 세상으로 이끈다. 예술작품을 창작하고 자연을 감상하는 것도 우리의 눈을 세상으로 향하게 한다. 맛있는 음식, 좋은 음악, 흥미로운 이야기. 이들은 모두 '세상'에 주의를 기울이고 관심을 두게 한다.

독신으로 살던 시절 내 마음속에 소중하게 새겨진 기억이 있다. 산후안제도에 있는 오르카스섬에서 지내던 때였다. 나는 원고를 마무리하러 그 섬을 방문했다. 겨울이었고 관광객이라곤 없었다. 오르카스섬에는 사람이 거의 살지 않아 대부분의 시간을 혼자 보냈다. 글을 쓰고 카약을 타고 섬 주변을 돌고 아침 일찍 일어나 루시와 함께 언덕에 올라 해돋이 장면을 카메라에 담았다. 자연에는 고통을 덜어주는 무언가가 있었다. 세상은 나보다, 그리고 내가 가진 고민거리보다 거대하다는 걸 알게 되었다.

루시의 존재 역시 머리를 비우는 데 도움이 되었다. 홀로 지내던 나를 정신 차리게 도와준 것이 바로 루시였다. 산책하고 뛰어놀고 제때 밥을 먹어야 하는, 그러니까 나를 필요로 하는 생명체가 옆에 있다는 것만으로도 삶이 나만을 위한 게 아니라는 사실을 끊임없이 되새길 수 있었다. 루시는 내가 커다란 유기체의 상호의존하는 일부라는 사실을 일깨워주었다.

프랭클은 우리에게 사람과 세상에 관심을 가져야 한다고 말한다. 그 말은 우리가 정성을 쏟을 수 있는 것, 우리 안의 경외심을 일깨워줄 것을 찾아 무엇이든 일상의 습관으로 삼으라는 말이다. 사람과 세상은 우리를 자기애적 경향에서 벗어나게 해준다.

나는 아침마다 추도사를 읽으며 사람과 세상이 얼마나 중요한지 새삼 실감한다. 그리고 내가 사람들과 삶을 공유하는 공동체를 만들고 예술과 음악을 감상하고 향유하기 위해 지금 이곳에 있다는 사실을 되새긴다.

공동체를 만들자

—

사람들은 종종 자신이 속한 공동체에 만족하지 못한다. 외로움을 느끼고 주변 사람들과 어울리려 하지 않는다. 우리는 혼자라고 느낄 때 마치 운명이 우리를 그렇게 만든 양 패배자로 행세하려 든다. 하지만 당신은 혼자가 아니다.

사람들이 가진 능력 중에 내가 가장 높이 사는 것이 있다면 바로 공동체를 구성하는 힘이다. 내 딸에게도 공동체를 구성하고자 하는 열정이 있으면 좋겠다. 구성원이 되는 것도 좋지만, 직접 꾸리는 걸 추천한다. 무엇이 됐든, 자신이 원하는 공동체를 만들어가길 바란다.

왜 운명이 우리의 사회적 삶을 결정할 거라고 믿는가? 당신이 꿈꾸는 공동체를 직접 만들어보는 건 어떤가?

독신이었던 시절, 나는 포틀랜드를 여행하는 음악가들에게 기꺼이 집을 내어주었다. 결혼 후에는 퍼시픽 노스웨스트로 이사했지만, 그곳에서 내슈빌에 사는 음악가들과 멋진 공동체를 만들었다. 그리고 얼마 지나지 않아 해마다 50명 이상의 여행객들을 맞게 되었다. 우리 부부가 내슈빌로 이사했을 때는 이미 그곳에 우리가 아끼고 우리를 아끼는 사람들의 공동체가 있었다. 그저 투어 중인 음악가들에게 문을 열어주었을 뿐인데 소중한 공동체가 만들어졌고, 그 인연이 계속해서 이어지고 있다.

우리는 언제든 어떤 이유에서든 공동체를 만들 수 있다. 공동체를 만드는 데는 큰 노력이 필요치 않다. 뒷마당에 작은 공간을 마련해 몇몇 이웃을 모아 함께 토마토를 심는 시간을 가지면 된다. 그냥 가만히 앉아 이야기를 나누는 모임 말고 주제가 있는 모임을 추천한다. 핑곗거리를 만들어 사람들을 초대하면 몇몇이 초대에 응할 것이다. 우리 부부는 시를 짓고 낭송하는 '시인의 밤'을 만들기도 하고 뒷마당에서 영화를 상영하기도 했다.

벳시와 내가 처음 내슈빌로 이사 왔을 때 이웃을 모으고 전문가를 초빙해 이스라엘과 팔레스타인 분쟁에 관해 이야기를 나눈 적이 있다.

그런데 세상에, 우리가 초대한 옆집 사람이 주지사였다. 이 얼마나 멋진 일인가! 이후 지역 정치인을 초대해 의회 선거구에 영향을 준 문제에 대해 함께 이야기를 나누었다. 칵테일 클래스와 쿠킹 클래스도 열고, 도서 출간 기념 파티와 생일 파티도 열었다. 그렇게 어렵지 않다. 사람들을 모으기만 하면 마법 같은 일이 펼쳐질 것이다.

공동체를 만들 수 있다는 생각이 드는 순간, 당신도 시작할 수 있다. 2년 전, '이웃의 식탁Neighbor's Table'이라는 회사를 설립한 사라 하마이어를 만났다. 그는 수년간 성공을 좇았지만, 돈과 권력에 만족할 수 없다는 사실을 깨달았다. 그를 행복하게 하는 것은 식탁에 앉아 친구들과 음식을 나누는 일이었다. 그런데 문제가 있었다. 이웃 사람들을 잘 알지 못했던 것이다. 반경 100미터 주변을 둘러봤지만, 주변에 대해 아는 바가 없었다.

그는 아버지에게 이웃을 식사에 초대할 수 있게 식탁을 만들어달라고 부탁했다. 그의 아버지 리는 마침 퇴직하고 할 일을 찾고 있던 터라 그의 부탁을 흔쾌히 들어주었다. 리가 식탁을 만들어오자 사라는 요리를 시작했다. 그해 그는 500명의 친구와 이웃을 저녁 식사에 초대했다. 사라는 이 일이 자신의 인생에 가장 의미 있는 경험이었다고 말한다. 기쁨을 나누고 싶었던 리와 사라는 이웃의 식탁을 운영하기 시작했다. 그들은 이웃과 친해지고 싶은 전 세계 사람들에게 식탁을 만들어 판매한다.

"어떤 사람들은 제가 식탁 장사를 하는 줄 알아요. 그럴 리가요. 저와 아버지는 사람을 만나는 중이랍니다." 사라가 말했다.

현재 이웃의 식탁은 손수 제작한 식탁을 전 세계에 500개 이상 배

달했다. 목적을 가진 공동체를 만드는 일은 시간이 걸리지만, 투자할 만한 가치가 있다.

나는 사라에게서 아이디어를 얻어 그동안 미뤄두었던 공동체를 만들기로 결심했다. 2년 전 나는 작은 회사의 CEO로 일하면서 혼자라서 막막하다고 느꼈다. 회사가 성장하면서 부딪히는 난관에 관해 의논할 상대가 많지 않았기 때문이다. 고민 끝에 '자문위원회'라는 공동체를 만들기로 결심했다. 자문위원회는 비슷한 규모의 회사를 운영하는 사람들로 구성된 모임이었다. 우리는 1년에 두 번씩 주로 야외에서 만나 특별했던 도전에 대해 이야기를 나눴다. 나는 공동체 사람들과 해안 절벽에 있는 집을 빌리거나 오토바이나 소형 오픈카를 빌려 황야를 달렸다. 경이로움과 경외감을 찾아 자연 속으로 뛰어들고 황야에 불을 피우고 옹기종기 둘러앉아 이야기를 나누며 영혼의 양식을 찾기도 했다. 자문위원회 회원들과 서로의 관심사를 공유한 뒤로 나만 힘들게 도전하고 있는 게 아니라는 사실을 깨닫고, 더욱 단단해질 수 있었다.

이 책은 히어로인 당신을 초대한다. 나는 이 책을 찾는 사람들 곁에서 그 여정을 함께하고 싶다.

다시 한번 말하지만, 삶에 사람과의 관계만 필요한 게 아니다. 예술도 필요하고 자연도 필요하다. 벳시와 나는 종종 에멀린을 데리고 래드너 호수를 산책한다. 우리는 통나무에 앉아 일광욕을 즐기는 거북이의 수를 세어보곤 한다. 그 모습을 보고 에멀린이 숫자 세는 법을 배우지 않을까 싶어서다. 이뿐만이 아니다. 요즘 나는 친구와 함께 『아이들이 암송하면 좋은 시Poems for Children to Memorize』라는 책을 준비 중이다. 우리는 그 책에 아이들이 열일곱 살이 되기 전에 암송하면 좋은 시

50편 정도를 실을 예정이다. 그리고 에멀린이 시 한 편을 외울 때마다 상을 줄 생각이다. 돈은 좀 들겠지만, 에멀린이 시를 통해 세상의 어두운 면보다 아름다운 면을 바라봤으면 좋겠다.

추도사에 무엇을 쓸까? 잠시 고민을 멈추고 그동안 어떻게 살았는지 솔직하게 따져볼 필요가 있다. 나는 공동체를 만든 적이 있나? 혹시라도 모든 중요한 일을 운명에 맡기진 않았나? 여유를 가지고 주변 자연을 둘러보고 있나? 인류의 경험을 담은 예술을 감상하고 있나?

공동체가 저절로 생기겠거니 바라지 말자. 직접 나서서 만들어보자. 예술과 자연 속에 뛰어들자. 비록 일의 생산성은 다소 떨어지겠지만, 주변의 아름다움을 둘러보는 일이야말로 깊은 의미를 안겨줄 것이다. 질문에 대한 대답을 찾기 위해 공동체에 초대하고 싶은 사람의 이름을 적고 자연과 예술 활동에 참여할 방법을 적어보자. 이를 정리하다 보면, 삶이란 혼자 사는 게 아니라 다른 사람과 경험을 나누는 일이라는 것을 깨닫게 될 것이다.

연습 문제 3

- 공동체를 어디에서 찾을 것인가?

  _____

- 당신이 아끼고 당신을 아끼는 사람들로 구성된 공동체에 합류할 것
  인가, 아니면 그들로 구성된 또 다른 공동체를 만들 것인가?

  _____

- 새로운 공동체에 합류할 것인가, 아니면 직접 공동체를 만들 것
  인가?

  _____

연습 문제 4

- 자연이나 예술을 접하고 세상을 경험하기 위해 어디로 가고 무엇을
  할 것인가?

  _____

  _____

히어로는 다른 캐릭터와 공유한다

—

삶을 공유할 때 새로운 도전이 시작된다. 자신의 비전, 삶의 스토리를 다른 사람과 함께하는 것은 쉬운 일이 아니다. 타인과 함께하려면 타협해야 한다. 이제 우리의 스토리는 히어로 한 사람의 스토리가 아니라 의미를 찾는 여러 히어로의 스토리가 된다.

결혼 전 우리 부부는 1만 8000평에 달하는 부지에 손님들을 위한 휴식의 장을 마련하게 되리라고는 상상도 하지 못했다. 벳시는 뉴올리언스의 프렌치쿼터나 맨해튼, 혹은 파리에 살고 싶다고 했었다. 걸어갈 수 있는 거리에 대형 프랜차이즈 베이커리가 있어야 했기 때문이다. 벳시는 도시에서 이웃에 사는 친구들과 삶을 나누고 싶어 했다. 사업 따윈 안중에도 없었고, 나무 아래 텐트를 치고 누워 있는 건 생각조차 하지 않았다. 언제나 내게 "베이커리 천장은 나무 밑과 달라서 진드기가 떨어지지 않아"라고 말하곤 했다. 반면 나는 섬에서 살고 싶었다. 가능하다면 나무를 태울 난로가 있고 깊은 파도 소리가 들리며 해안가에 보트를 묶어놓을 수 있는 오두막에 살고 싶었다. 아마 그런 곳에 산다면 루시와 나는 보트를 타고 산후안제도 주변을 항해했을 것이다. 그러다가 보트를 정박하고 식사하거나 시호크스팀의 미식축구 경기를 관람했을 것이다. 그러다 집으로 돌아갈 시간을 놓쳐 결국 달빛에 의존해 찾아가야 했을 것이다.

솔직히 말하면 우리 둘 다 각자 원했던 삶을 살고 있지는 않다. 우리는 각자의 스토리를 위해 양보했다. 그리고 지금 우리는 서로가 원하는 삶의 스토리를 새롭게 써나가고 있다. 우리는 우리만의 멋진 꿈을 꾸고 있다. 나는 나의 꿈도 좋지만 벳시와 함께 가꾸어가는 우리의 꿈이 더 좋다. 나는 벳시와 함께하는 포치현관에 지붕을 갖추어 사람들이 기다릴 수 있도록 만든 공간—옮긴이를 파도치는 바다 위 보트와 바꿀 생각이 없다. 물 위로 흐르는 달빛의 풍경보다 정원의 꽃을 꺾는 벳시를 보는 게 더 좋다. 물론 지금도 나는 가끔씩 친구들과 캠핑을 간다. 벳시 역시 큰 도시를 방문해 유명 베이커리에 들른다. 우리 둘은 합의점을 찾았고 각자의 스토리가 아닌 우리의 스토리를 선택했다.

에멀린은 우리의 스토리를 어떻게 바꿔나갈까? 몹시 기대된다. 다시 말하지만 삶을 나누고 사람과 세상에 관심을 가질 때 의미 있는 삶을 만들 수 있다. 프랭클은 관심의 초점을 안에서 밖으로 돌릴 때 삶의 스토리에 더 강한 견인력이 생길 거라고 말한다. 예전의 내게는 강과 산이 있었고, 지금의 내게는 가족과 친구가 있다. 사람, 그리고 세상은 매일매일 의미를 경험하게 한다.

누가, 무엇이 내 안의 나를 끄집어낼까? 연습 문제 3번과 4번에 적은 것을 다시 살펴보고 세상과 주변 사람에게 감사하는 마음을 가져보자.

추도사를 마무리하려면 아직 준비가 더 필요하다. 훌륭한 스토리는 열정, 공동체, 자연과 예술에서 얻는 감상, 그 이상의 것이 필요하다. 즉 위험을 감수하고라도 도전할 만한 비전이 있어야 한다.

분명하고 구체적인 비전 세우기

—

삶을 나누고 예술과 자연을 감상해야 한다는 사실을 알았다면, 그 다음 무엇을 해야 할까? 어떤 스토리를 써야 삶의 영역을 넓힐 수 있을까? 이제 새로운 스토리를 생각해보자.

추도사를 완성하고 실제 추도사에 쓴 대로 살면서 의미를 발견하려면 한 가지 요소가 더 필요하다. 즉 이전에 존재하지 않았던 새로운 것을 만들어야 한다. 그러려면 스스로 변화의 주체가 되어야 한다. 자신을 소비자가 아닌 생산자로 본다면 자신이 행위의 주체라는 사실을 받아들이게 된다.

소비자는 누군가가 만든 것을 구입한다. 그러곤 그 물건을 마음에 들어 하거나 불평한다. 반면 생산자는 직접 소비재를 만든다. 여기서 소비재는 물건이 아니라 스토리, 도전, 실제 경험을 말한다. 생산자는 이전에 존재하지 않았던 것을 만든다. 회사를 차리고 그림을 그리고 노래를 작곡한다. 그리고 사람을 만든다. 인간은 다른 종과 달리 다른 세상을 꿈꾸고 창조할 수 있다.

창조라고 해서 위대하고 엄청난 것을 말하는 게 아니다. 우주선을 만들어 우주에 가고 올림픽에 출전해 메달을 따는 사람도 있지만, 대단한 일이든 단순한 일이든 거기서 얻는 의미는 같다. 사실 나는 에멀린이 태어나고 삶의 가장 큰 의미를 얻었다. 평생 의미를 찾아다니던 내게 에멀린의 탄생은 놀라운 일이었다. 그동안 의미란 엄청난 위험이 따르고 거창한 계획이 있어야 한다고 생각해왔다. 하지만 그렇지 않았다. 그저 존재하지 않던 무언가를 계획하고 그 계획을 이루기 위해 노력하면 된다.

물론 에멀린의 탄생은 프로젝트가 아니다. 하지만 에멀린이 세상에 태어났을 때 우리 부부는 새로운 유형의 결혼과 가정, 세상을 보는 방식을 만들어냈다. 아기가 태어나자 장모님은 "에멀린은 고쳐 쓰는 물건이 아니라 너희 부부가 만들어야 할 관계란다"라고 말했다.

새로운 관계를 맺는 일은 아름다운 창조 행위다.

에멀린이 있기에 나는 좋은 아빠, 재미있는 아빠, 똑똑한 아빠, 선물 같은 아빠, 지혜로운 아빠가 될 수 있다. 하지만 이러한 관계는 노력하지 않으면 얻을 수 없다. 에멀린과 내가 끈끈한 관계를 맺을 수 있을까 걱정도 된다. 실패할 수도 있다. 에멀린이 나를 어떻게 생각할지는 내가 결정할 수 있는 게 아니다. 하지만 에멀린이 나와 관계를 맺고 싶을지 아닐지는 전적으로 내게 달려 있다. 그리고 나의 노력은 관계 방정식에서 엄청나게 큰 부분을 차지한다.

패배자는 관계의 방향이 자신에게 달려 있다는 사실을 모른다. 그래서 우울해한다. 심리학자 알프레드 아들러에 따르면 자신을 열등하다고 생각하고, 아무도 자신을 좋아하지 않으며 필요로 하지 않는다고 생각하는 사람은 상처받지 않으려고 일부러 패배자 행세를 자처한다. 아들러는 더는 자신을 패배자로 보지 말고 용기를 내어 관계 맺기에 나서라고 말한다. 그는 삶에 필요한 친밀감을 쌓기 위해 용감하지만 겸손하게 자신을 세상에 던져야 한다고 조언한다.

아들러가 많은 사람이 트라우마 때문에 관계 맺기를 두려워한다고 말하자, 이를 결정론이라고 생각한 사람들이 반발했다. 아들러는 우리가 트라우마의 영향을 받는다는 데는 동의한다. 하지만 트라우마가 자신이 패배자라는 생각에 빠져 스스로 상처받지 않기 위한 방어기제 역할을 하기 때문에 영향을 주는 거라고 믿었다. 그는 패배자가 되느냐 마느냐는 우리 몫이라고 주장한다. 현재는 과거의 트라우마로 결정되지 않는다. 아들러는 과거는 지나갔으며 더는 존재하지 않으므로 과거의 경험에 휘둘릴 필요가 없다고 생각했다.

아들러의 이러한 주장은 앞으로도 수 세기 동안 논의될 것이다. 나역시 트라우마가 영향을 미친다고 생각하지만, 우리의 미래를 지배한다고 생각하지는 않는다. 두 사람이 같은 트라우마를 경험하더라도 두사람의 미래는 각각 그에 어떻게 반응하느냐에 따라 결정될 것이다. 트라우마는 힘이 없다. 트라우마를 경험한 사람에게 힘이 있다. 나는 패배자가 시련을 겪는 것은 그들이 그런 선택을 했기 때문이며, 스스로 시련을 통제하고 자신이 처한 환경을 대하는 마인드를 바꿀 수 있다는 점에서 아들러의 주장이 유용하다고 생각한다. 만약 과거의 트라우마 때문에 두려움을 겪는다면 그 트라우마가 우리 삶을 통제하고 행동을 결정하고 있는 것이다. 다시 말해 스스로 패배자 마인드를 선택한 것은 아닌지 생각해봐야 한다. 자신을 패배자로 여기는 사람은 스스로 다른 이와 관계를 맺을 만한 가치가 있는 사람이라고 여기지 않는다. 따라서 관계를 발전시키지 못한다.

프로이트는 트라우마가 우리를 패배자로 만든다고 말한다. 하지만 아들러는 우리가 트라우마를 핑계 삼아 패배자가 된다고 본다. 관계 맺는 게 두려워 스스로 패배자가 되어 관계를 맺지 않을 구실을 만드는 것이다.

빌런은 관계를 맺는 데 훨씬 큰 어려움을 겪는다. 빌런 역시 히어로처럼 자신이 세상을 바꿀 수 있다고 믿지만, 그는 강해지기 위해 남을 약하게 만든다. 그는 복수를 꿈꾼다. 적을 물리치기 위해 힘을 과시하고 권력을 좇는다. 사람과 관계를 맺기보다 사람을 이용한다. 비뚤어진 야망을 이루기 위해 남에게 복종을 강요한다. 하지만 통제와 사랑은 동시에 이루어지지 않으므로 빌런의 이 같은 비전은 깊은 의미를 만들지 못한다. 누군가를 사랑하려면 그 사람의 감정을 강요해서는 안 된다. 그 사람의 자유 의지를 존중해야 한다. 하지만 빌런은 상대방의 자유 의지를 존중하지 않는다. 빌런은 상대방이 자신에게 복종하지 않을까 두려워 가까운 사람을 통제하고 그들을 이용해 자기방어를 한다.

히어로와 조력자는 세상에 어둠보다 빛을 비추기 위해 싸운다. 빌런이 가져오려는 어둠보다 히어로가 세상을 더 밝게 비출 때 세상은 발전한다. 하지만 만약 히어로가 행위의 결정권을 다른 사람에게 넘기거나 운명에 맡기며 자신이 패배자라는 속임수에 넘어간다면 빌런이 세상을 차지하게 될 것이다.

공동체, 친밀한 관계, 예술, 소비재, 프로젝트, 회사, 책, 비영리단체 등을 만들고 싶은 것과 별도로, 우리는 그 모든 일의 주체가 우리 자신이라는 사실을 받아들여야 한다. 새로운 것을 만들려 하지 않고 신이 우리에게 주신 능력을 믿지 않는다면 아무것도 달라지지 않을 것이다.

그렇다면 무엇을 원해야 할까? 어떤 비전을 세워야 깊은 의미를 경험할 수 있을까? 히어로에게는 구체적인 비전이 있어야 한다. 이것은 삶의 또 다른 진리다.

우리는 더 오래 더 잘 살기를 원한다. 남에게 자신의 스토리를 전하고 이해받기를 원한다. 물론 그러한 마음은 숭고하다. 하지만 스토리가 견인력을 갖기에는 구체적이지 않다.

만약 내가 당신에게 하던 일을 잠깐 멈추고 '성취감을 추구하는 남자'를 다룬 영화를 보자고 한다면 당신은 거절할 것이다. '성취감을 추구하는 남자'라니, 그다지 재미있어 보이지도 않고 내용도 모호하다. 하지만 내가 리암 니슨이 납치된 딸을 찾는 영화를 보러 가자고 한다면 같이 가겠다고 할 것이다. 주인공이 원하는 게 구체적이고 관객이 그 모습을 눈에 그려볼 수 있다면 관객은 스토리의 견인력을 경험하고 끝까지 스토리에 집중할 수 있다.

삶에 대한 비전이 분명하고 구체적일 때 삶에 몰입할 수 있다. '좋은 사람 되기', '공동체 만들기'는 별로다. 막연한 포부는 말뿐일 수 있다. 그보다 우리 동네 노숙자들을 위해 무료 식료품점을 열겠다는 포부가 더 바람직하다. 내슈빌의 지역 주민인 브래드 페이즐리와 킴 페이즐리가 그랬다. 그들은 도움이 필요한 사람들을 위해 흥미로운 계획을 세웠고 계획을 실천하며 깊은 의미를 경험했다.

다시 한번 말하지만, 비전이 꼭 원대할 필요는 없다. 가까운 친구 몇몇을 초대해 골프를 치며 함께 인생 계획을 세워볼 수도 있는 일이다. 아이들과 텃밭을 일구고 텃밭에서 기른 토마토를 시장이나 집 앞에서 팔 수도 있다. 친구들과 부자父子 모임을 만들어 해마다 몬태나로 낚시를 갈 수도 있고, 모녀 모임을 만들어 아이들에게 정치를 가르치며 그들에게 미래의 출마를 꿈꿔보게 할 수도 있다. 커다란 퍼즐을 만들어본다거나, 쌍안경을 구입해 근처에 사는 200여 종의 새를 탐조해볼 수도 있다. 일상에서 할 수 있는 일은 무궁무진하다.

조지 플로이드가 사망하고 난 후, 나는 그제야 내가 백인 위주의 회사를 설립했다는 사실을 깨달았다. 회사가 급성장하다 보니 다양성을 고려하지 못했다. 나도 모르게 편견 속에 회사를 운영해왔던 것이다. 그렇다고 인스타그램에 글을 올려 겉으로만 인종 문제에 관심이 있는 척하고 싶지는 않았다. 그 대신 흑인 소유의 사업 공동체를 만들었다. 그 덕에 내슈빌 지역의 흑인 사업가 공동체를 알게 되었고, 그들과 우정을 쌓고 이해를 나누며 함께 공동체를 키워나갔다. 참으로 놀라운 경험이었다.

우리는 모두 성취감, 기쁨, 평등, 사랑을 원한다. 하지만 이러한 것들을 얻기 위해서는 우선 구체적인 스토리를 만들어야 한다. 모호한 다짐은 바람과 함께 날아가지만 명확하고 구체적인 계획은 이루어질 확률이 높다. 왜 그럴까? 모호하고 어려운 개념은 견인력을 갖기가 힘들기 때문이다. 비전이 모호하면 삶이 하는 질문에 집중하기가 어렵다. "예술에 대한 이해를 넓혀볼까?"라는 질문은 "시 25편을 정하고 하나씩 외워볼까?"라는 질문에 비해 견인력을 갖지 못한다. 두 번째 질문은 구체적이지만 첫 번째 질문은 모호하기 때문이다.

여러 질문을 동시에 하는 것도 괜찮다. 멋진 스토리는 큰 플롯과 작은 플롯들이 만나 만들어진다. 작은 플롯이 큰 플롯으로 이어진다면 질문이 많더라도 스토리가 망가지지 않을 것이다.

현재 우리 부부는 몇 가지 스토리를 준비 중이다. 우리는 구스힐 증축, 다시 말해 투자와 목표 수행이라는 견인력을 얻었다. 그리고 세상에 긍정적인 영향을 주기 위해 우리가 얻은 견인력을 사용 중이다. 우리는 우리의 스토리를 통해 세상을 더 나은 곳으로 만들고자 한다. 물론 구스힐 증축은 무엇보다 우리 가족에게 의미 있는 일이다. 에멀린은 손님을 위해 마당에 토마토를 심고 뒤뜰에 깜짝 전시회를 여는 게 당연하다고 여기며 자랄 것이다. 그런 일들이 당연할 순 없을까? 우리 가 당연한 일로 만들어보면 어떨까?

이 책을 읽는 많은 사람이 내가 경제적으로 성공을 거둬서 쉽게 말 한다고 생각할 수도 있다. 그것도 맞는 말이다. 하지만 내가 성공할 수 있었던 이유는 회사 설립이라는 비전을 적고 실행에 옮긴 덕분이다. 패배자들은 자신은 할 수 없고 다른 사람들은 할 수 있다고 생각한다. 알프레드 아들러가 말했듯 실패로부터 자신을 지키기 위해, 새로운 시 도에 좌절하고 자괴감을 느끼지 않기 위해 패배자 마인드로 자신을 무 장해서는 안 된다. 더군다나 깊은 의미를 경험하는 데에는 돈이 들지 않는다. 비전만 있으면 된다. 한 가지 비전을 달성한 후 또 다른 비전 을 세우면 된다. 그러다 보면 어서 빨리 생동감 넘치는 멋진 스토리를 쓰고 싶어질 것이다.

여기서 핵심은 건강, 직업, 공동체, 그리고 가족을 위해 구체적인 비 전을 세워야 한다는 것이다. 비전이 구체적일수록 견인력이 생기고 매 일 아침 삶의 스토리에 작은 플롯을 얹을 생각에 마음이 설렌다.

당신은 어떤 삶의 비전을 가지고 있는가? 당신의 장례식에서 친구 와 가족이 당신을 위한 추도사를 읽는다면 그들은 당신에 대해 뭐라고 말할까?

추도사는 당신이 살아온 삶의 요약본이다. 정작 당신은 그 자리에 없으니 당신의 추도사를 들을 순 없지만, 당신은 추도사에 적힌 대로 살아왔을 것이다. 우리는 이제 매일 누군가 읽게 될 스토리의 한 페이 지를 써 내려간다. 그뿐만이 아니다. 당신의 스토리에 가족과 친구들이 등장한다면 그들은 몹시 고마워할 것이다. 멋진 삶을 살아준, 본보기가 되어준 당신에게 감사해할 것이다.

무엇을 원하는지 알고 싶다면
—

가끔 나는 자신이 무엇을 원하는지 모르는 사람을 만난다. 삶을 즐기고 싶어 하는데 그 방법을 모른다. 대체 어떤 비전이 좋은 비전일까?

삶의 견인력을 찾도록 도와주는 바람직한 비전의 세 가지 특징은 다음과 같다.

새로운 것이어야 한다

비전을 말해야 할 때 살짝 민망하다고 느껴도 괜찮다. 민망하다는 것은 다른 사람이 미처 생각지 못한 것을 비전으로 삼았거나, 사람들에게 익숙지 않은 것을 생각하고 있다는 뜻이다. 하지만 명심하자. 우리는 모두 더 나은 사람이 될 수 있다. 창의적인 비전은 분명 사람들의 반감을 살 것이다. 사람들은 우리가 차선을 지키고 공동체 질서를 방해하지 않기를 바란다. 하지만 내게는 몇 년 전쯤 알게 된 비밀이 있다. 수동적 공격이 몇 번 오고 가는 투쟁이 있고 나서야 새로운 위계 질서가 받아들여진다는 것이다. 멋진 삶을 살고 싶다면 당신이 몇 분, 아니 몇 달간 사람들을 불편하게 만들더라도 참아야 한다. 앞서 말했듯 우리가 차선을 변경하면 다른 운전자가 경적을 울린다. 그래도 신경 쓰지 말자. 경적은 곧 멈추고 우리는 더 좋은 곳을 향해 잘 달릴 테니까.

'네까짓 게 그렇게 대단한 일을 원한다고?'라는 말에 기죽을 필요도 없다. 도대체 누가 하찮은 사람인가? 당신은 하찮은 사람인가, 대단한 사람인가? 우리는 모두 살과 피부와 감정을 가진 기적 같은 존재다. 싸구려 소파에 푹 처박혀 다른 사람의 삶이나 지켜보라고 만들어진 게 아니다. 우리는 우리의 스토리를 쓰기 위해 태어났다.

삶을 의미 있게 살고 싶다면 숨지 말자.

지난밤 소모임이 끝나고 누군가 나를 불러냈다. 사람들은 저마다 추도사를 읽으며 크게 감동했다. 그런데 샤네라는 추도사를 읽지 않았다. 그는 모임이 끝난 후 내게 그 이유를 설명했다. 사실 그는 책을 쓰고 싶었다고 했다. 백인 상류층 사회에서 흑인 엄마가 흑인 아이를 키우는 일이 얼마나 대단하고 어려운 일인지 세상에 보여주고 싶었다고 했다. 그는 경찰이 길거리에서 자신의 어린 자녀들을 얼마나 자주 불러 세우는지 알리고 싶었다. 그는 자신이 사랑하는 사람들이 다른 시각으로 자기의 이야기를 들어주기를 바랐다. 친구들이 세상에 대해 가지고 있는 시각을 넓혀주고 싶었다. 그리고 자신의 책 제목을 '엄마 불곰'이라고 붙일 생각이라고 했다. 나는 그의 이야기에 깊은 울림을 느꼈다.

"샤네라, 정말 스토리다운 스토리네요. 세상에 필요한 책이에요." 그는 멋쩍게 웃으며 말했다. "내가 뭐라고 내 이야기를 책으로 쓰겠어요?"

나는 그때나 지금이나 그가 느끼는 생각을 세상에 말해야 할 필요가 있다고 생각한다. 그의 스토리는 모두에게 좋은 약이 될 것이다. 그 스토리는 상처를 치유하고 더는 흠집이 나지 않게 도와줄 것이다. 그의 스토리를 통해 샤네라와 같은 여성들이 자신이 혼자가 아니라는 사실을 알게 될 것이다.

'내가 뭐라고 그 일을 해'라는 생각 때문에 주변 사람들에게 영감을 줄 수 있는 스토리를 포기해서는 안 된다. 당신이 가진 삶의 비전이 말하기 살짝 민망한 것이라면 더없이 좋다. 사람들이 "네가 그런 일을 하고 싶다고?"라고 말할 것 같다면 당신의 스토리는 견인력과 의미를 갖게 될 것이다.

용기를 필요로 해야 한다

"큰 파도를 헤엄쳐 나가자." 우리 팀의 좌우명이다. 전문가가 되어 전력을 다하자는 뜻이다. 우리 팀은 홍보 업무를 해본 경험이 없는 사람도 홍보 캠페인에 투입된다. 그리고 성공 여부를 알 수 없는 소프트웨어 관련 아이디어를 디자인팀과 논의하곤 한다.

우리 팀은 왜 이런 좌우명을 갖게 되었을까? 나는 학습, 성장과 관련한 회사라면 모름지기 팀원들을 성장시켜야 한다고 굳게 믿고 있기 때문이다. 익숙하지 않다면 넘어지고 깨져봐야 배울 수 있다.

큰 파도를 헤엄쳐 가려면 바닥이 거의 닿지 않는 상황에서도 파도를 건너야 한다. 발이 땅과 멀어질수록 파도에 휩쓸릴까 봐 걱정도 될 것이다.

가정을 꾸리고 사업을 시작하고 연설하고 출마하는 건 두려운 일이다. 하지만 그건 해보지 않았기 때문이다. 할 수 없을 듯한 일을 해보는 것만큼 변화를 가져오는 것은 없다.

현실적이어야 한다

이제 절벽에서 뛰어내릴 준비가 됐는가? 그 전에 잠깐!

스토리는 현실성이 있어야 한다. 현실성이 있어야, 적어도 실현 가능해야 세상에 비전을 펼칠 수 있다. 유명한 컨트리 가수가 되고 싶은데 기타 코드도 모르고 노래를 부를 줄도, 쓸 줄도 모른다면 성공할 가능성이 없다. 80세의 나이에 내셔널 풋볼 리그에서 쿼터백으로 뛰고 싶다는 것도 실현 가능성이 희박하다. 큰 파도를 헤엄쳐 나가는 것과 지퍼 백에 샌드위치를 담아 웨이스트백에 넣고 다른 나라까지 헤엄쳐 가는 것은 다르다.

이 책을 읽는다고 꿈을 이룰 수 있는 건 아니다. 그럴 리가 없다. 이 책은 지니를 램프 밖으로 나오게 만들 주문을 알려주는 책이 아니다. 물론 그런 책이 있다면 잘 팔리기야 하겠지만 말이다.

생각해보자. 당신의 비전은 실현 가능한가? 누군가 하고 있는 일인가? 그렇다면 잘됐다. 다른 사람들이 할 수 있다면 당신도 할 수 있다. 이미 하고 있는 사람이 아무도 없어도 상관없다. 당신도 할 수 없다고 생각하지 마라. 당신이 최초가 되면 된다.

죽기 전에 이루고 싶은 큰 비전이 있는가? 만약 있다면 무엇인가? 비전이 여럿이라면 하나씩 생각해보고 추도사에 넣자. 도움이 될까 싶어 당신이 비전을 세분화할 수 있도록 연습 문제에 몇 가지 항목을 만들어보았다. 물론 영역마다 비전을 다 세울 필요는 없다. 이루고 싶은 구체적인 비전 몇 가지를 정하고 앞으로 나아가면 된다.

연습 문제 5

다음 문장을 완성해보자.

공동체의 발전을 위해 내가 만들어보고 싶은 것은 _____ 다.

가족의 단합을 위해 내가 만들어보고 싶은 것은 _____ 다.

건강을 위해 내가 해보고 싶은 것은 _____ 다.

커리어를 위해 내가 해보고 싶은 것은 _____ 다.

지적 성장을 위해 내가 해보고 싶은 것은 _____ 다.

인간에 대한 이해를 넓히기 위해 내가 해보고 싶은 것은 _____

_____ 다.

내 장례식에서 일어날
일을 상상하라

지금까지 살날이 얼마나 남았는지, 살면서 무슨 일을 하고 싶은지, 누구와 삶을 나누고 싶은지 이야기해보았다. 이제 어떤 이야기를 쓰고 싶은지 생각해보자.

라이프 플랜의 첫 번째 과제는 추도사 쓰기다. 추도사를 쓰고 아침 루틴으로 추도사를 읽으면 네 가지 면에서 도움이 될 것이다.

1. 필터 만들기

추도사에 당신이 실행 중인 프로젝트 가운데 적어도 하나를 적자. 이것이 삶에 비전을 제공하며 비전은 필터가 되어 시간을 어떻게 사용할지 결정하는 데 도움이 된다. 당신을 행동하게 만드는 프로젝트는 당신에게 깊은 의미를 경험하게 해줄 것이다.

2. 공동체 만들기

추도사에는 삶의 스토리를 함께 써온 사람들이 담긴다. 따라서 추도사를 읽을 때마다 사랑하는 사람들과 함께 있다고 생각하게 된다. 관계 맺기는 깊은 의미를 경험하게 돕는 요소 중 하나다.

3. 도전하기

매일 맞닥뜨리는 도전이 더 나은 세상을 만드는 데 필요하다고 생각되면 당신이 겪는 시련에 목적과 의미를 부여하게 된다. 도전은 당신을 더 건강하게, 더 멋지게 만든다. 도전에 대한 생각을 바꾸면 더 깊은 의미를 경험할 수 있을 것이다.

4. 견인력 만들기

라이프 플랜을 점검하다 보면 이상과 현실 사이의 거리감 때문에 마음이 불편해진다. 그러나 이 불편한 마음이 결국 비전을 이루는 데 도움이 된다. 꿈꿔온 삶과 실제 삶을 비교하면 마음이 불편해져 이를 해소하고 싶어진다. 이 같은 인지 부조화가 행동에 동기를 부여한다. 인지 부조화 현상을 제거할 유일한 방법은 추도사에 적은 대로 사는 것이다.

처음은 완벽하지 않아도 된다

—

처음 쓰는 추도사는 연습이라고 생각하자. 라이프 플랜은 언제든지 수정할 수 있으며 그 과정에서 더 좋아진다. 라이프 플랜을 정해진 것, 무조건 준수해야 하는 것으로 생각하지 말자. 나는 거의 15년 전에 처음 추도사를 썼고, 해마다 조금씩 손본다. 지금 쓰는 추도사는 진짜가 아님을 명심하자. 그저 삶에 견인력을 만들고 더 나은 결정을 내리는 데 도움이 되는 기발한 도구라고 생각하자.

추도사를 쓰기 전 도움이 될 만한 몇 가지를 제안하고자 한다.

짧게 쓰자

물론 길고 멋지게 쓰고 싶은 마음은 이해한다. 그러나 추도사 읽기가 아침 루틴임을 잊지 말자. 추도사가 너무 길면 읽기를 건너뛰고 바로 플래너 작성으로 넘어가기 쉽다. 나 역시 그럴 때가 있어서 언제나 노력한다. 추도사는 마치 북극성과 같다. 눈을 떼면 길을 잃어버리기에 십상이다. 짧아야 견인력이 생기고 행동에 옮기기도 쉽다.

야심차지만 현실적으로 쓰자

나이가 80세인데 세르비아 럭비팀에 들어가 올림픽 금메달을 따고 싶다고 쓰면 견인력이 생기기 어렵다. 그러한 포부는 막다른 골목에 맞닥뜨릴 것이다. 비전은 터무니없어서는 안 된다. 하지만 스토리에 질문을 던질 만큼 야심차야 한다. 나는 내가 베스트셀러 작가가 되고 회사를 운영하고 벳시처럼 멋진 여자와 결혼할 줄은 몰랐다. 당신은 생각보다 많은 것을 성취할 수 있다. 따라서 비전은 야심차게 세워야 한다. 비전의 실현 여부는 크게 중요치 않다. 의미는 비전을 성취해서 얻는 게 아니라 비전을 이루기 위해 행동하면서 얻는 것이다. 의미는 원하는 것을 얻든 아니든 얻고자 노력하는 과정에서 얻어진다.

작은 것에 얽매이지 말자

실제 추도사에는 사망 날짜와 남겨진 사람들의 이름이 실린다. 하지만 이것은 실제 추도사가 아니니, 자유롭게 써보자. 우리의 목적은 추도사를 쓰는 연습을 통해 매력적인 삶의 비전을 만들어보는 것이다. 당신이 이루고 싶은, 살고 싶은 삶을 그려보자는 것이다. 추도사의 핵심은 삶의 스토리에 견인력을 만드는 데 있다.

추도사에 모든 것을 담을 필요는 없다. 나는 수많은 프로젝트를 만들고 공동체를 구성했지만, 추도사에 다 담지는 않는다. 10년, 5년, 혹은 1년 비전에는 써도 추도사에는 다 쓸 필요가 없다. 추도사의 핵심은 삶의 이야기가 가야 할 '큰 방향'이다.

추도사에 무엇을 담을지 아직 결정하지 못했다면 다음의 체크리스트를 살펴보자.

- 어떤 주요 프로젝트를 실행하고 성취했는가?
- 왜 그 프로젝트를 선택했으며 세상에 어떤 메시지를 전하고 싶었는가?
- 어떤 대의를 가졌으며 어떻게 당신의 대의를 지켰는가?
- 어떤 의미 있는 관계를 맺었으며 관계를 맺은 사람들은 당신에게 어떤 의미가 있는가?
- 어떤 공동체에 속해 있고 어떤 공동체를 만들었는가?
- 어떤 유산을 남기고 싶은가?
- 당신과 관계를 맺은 사람들이 당신을 어떻게 생각하기를 바라는가?
- 어떤 의미 있는 도전을 했는가?
- 사람들이 당신에 대해 기억해주기를 바라는 한 가지는 무엇인가?
- 후대에 남기고 싶은 한 가지 지혜는 무엇인가?

물론 이 모든 것을 추도사에 다 담을 필요는 없다. 당신의 추도사는 당신의 것이다. 아침에 일어나 이야기 플롯에 추가하고 싶을 만큼 당신에게 영감을 주는 것으로 한두 단락 정도 쓰면 된다.

언제 어디서 쓸 것인가

—

추도사를 써보고 싶다면 망설이지 말자. 대충 초안부터 잡아보자. 실제 연습에 들어갈 때는 조금 더 생각해봐야 한다. 실제 내가 진행하는 워크숍이나 수업에서는 한 시간 정도 생각할 시간을 준다. 추도사는 조금씩 나아질 것이다. 산책을 하다가, 혹은 샤워를 하다가 적을 게 생각날 수도 있다. 차근차근 고쳐나가자.

라이프 플랜을 세우는 많은 사람이 충분히 생각할 시간을 갖기 위해 아침 시간을 별도로 확보하거나 심지어 주말 휴가를 가기도 한다. 추도사와 라이프 플랜을 소설의 개요라고 생각하면 좋다. 개요에 많은 시간을 보낼수록 더 좋은 책을 쓸 수 있다. 라이프 플랜도 마찬가지다. 라이프 플랜에 많은 시간을 보낼수록 흥미진진한 삶과 깊은 의미를 경험할 수 있다.

추도사를 어떻게 쓸지 궁금해할 것 같아 몇 가지 샘플을 소개하려고 한다. 먼저 내 추도사부터 내가 진행하는 수업에 참여한 이들의 추도사까지 차례로 살펴보자.

도널드 밀러

도널드(돈) 밀러는 아내 벳시를 사랑하는 남편이자 늘 딸 에멀린을 생각하는 아버지다. 그에게 최우선 순위는 가족이었다. 그래서 일을 줄이고 가족과 많은 시간을 보냈다.

돈과 그의 가족은 친구와 가족, 그들을 찾는 손님들이 휴식과 위안을 얻을 수 있도록 구스힐을 지었다. 돈, 벳시, 에멀린은 사람들을 기쁘게 맞았고 언제나 사람들과 함께 더 나은 세상을 만들기 위해 애썼다.

돈과 그의 가족은 구스힐에서 책 읽기 모임, 피크닉, 작은 콘서트, 자선기금 모금 행사를 열고, 양당을 아우르는 정치적 모임을 계획하고, 이웃과 게임을 즐기며 화합의 장을 마련했다. 또 강연을 열고 시 모임을 하는 등 많은 활동을 통해 사람들이 휴식과 희망을 얻고 세상에 필요한 의미 있는 아이디어를 내놓을 수 있도록 도왔다.

도널드 밀러는 자신이 스토리의 주체가 되어 더 의미 있는 삶의 스토리를 쓴다면 더 나은 세상을 만들 수 있으며, 모든 도전과 시련이 인생에 축복을 가져온다는 믿음을 삶의 원칙으로 삼았다.

돈의 회사, '비즈니스메이드심플Business Made Simple'은 비즈니스 리더들이 회사 경영의 문제점을 파악할 수 있도록 도왔으며 그들에게 회사를 성장시키는 데 필요한 간단한 프레임워크를 제공했다. 그의 회사는 5000명 이상의 기업 코칭 스태프와 마케팅 컨설턴트를 두고 비즈니스 리더들이 회사를 성장시킬 수 있도록 도왔다.

돈은 죽기 전까지 20여 권 이상의 책을 썼으며 회고록, 경제 경영서, 자기계발서, 소설은 물론 구스힐에서의 삶을 다룬 시집을 발간했다.

돈은 에멀린에게 사랑과 안식처를 제공했고 좋은 본보기가 되었다. 언제나 아내를 지지했고 가족에게 받은 선물 같은 사랑을 한 번도 잊은 적이 없다.

돈은 언제나 개인적인 삶보다 벳시와 함께 하는 삶을 먼저 생각했다.

조앤 프리먼

조앤 프리먼은 이웃 사람들에게 텃밭 가꾸는 일을 가르친 이로 유명하다. 그는 집 옆에 있는 작은 텃밭을 마을 사람들에게 내어주고 매해 여름 텃밭 가꾸는 일을 도왔다. 조앤은 사람들을 좋아했고 계절마다 식물의 성장을 지켜보는 일을 좋아했다. 조앤은 식물이 그렇듯 사람도 관심을 기울이면 성장한다고 생각했다. 그는 해마다 여름이 되면 날짜를 정해 이웃이 텃밭 가꾸는 일에 동참할 수 있도록 했다.

그 덕에 많은 사람이 이웃 간에 깊은 정을 쌓을 수 있었다고 이야기한다. 몇몇은 조앤 덕분에 아이들과 즐겁게 지낼 수 있었다고 말한다. 해마다 조앤의 이웃들은 직접 재배한 제철 채소를 먹으며 즐거운 시간을 보냈다. 그는 37년을 함께 산 남편, 그리고 성인이 된

두 자녀를 두고 떠났다. 두 자녀 역시 자신이 사는 지역에 공동 텃밭을 만들었다. 무엇보다 조앤은 가족과 친구와 보내는 시간, 신선한 음식이 주는 즐거움, 노동 뒤에 오는 보람을 소중히 여겼다. 장례식이 끝나고 그의 이웃들은 공동 텃밭에 조앤의 이름이 새겨진 명패를 세울 계획이다. 이제 마을 사람들로 구성된 위원회가 '조앤 프리먼의 공동 텃밭'을 가꿀 예정이다.

매슈 코르넬리우스

매슈 코르넬리우스는 가족과 멋진 우정, 낚시에 관한 지혜를 유산으로 남겼다.

매슈는 40대 중반에 아내와 함께 직장을 그만두고 집과 재산을 팔아 몬태나에 버려진 휴양 시설을 샀다. 그는 세상에 변화를 일으킨 기업이나 비영리단체 사람들과 지역의 강을 돌며 낚시 모임을 주도했다.

수백여 명의 사람이 그의 죽음에 애도를 표했고, 낚싯배 위에서 오랜 시간 함께 대화를 나누며 사람들 이야기에 귀 기울이고 진심 어린 조언을 아끼지 않던 매슈를 기억했다.

매슈는 아내와 두 자녀 곁을 떠났다. 두 자녀 모두 열렬한 낚시꾼이 되어 사람들의 이야기에 귀를 기울이며, 도움이 필요한 이에게 진심 어린 조언을 아끼지 않는다.

사라 카터

사라 카터는 마라톤을 25회 이상 뛰어 1만 달러 이상의 자선 단체 기금을 마련했다. 해리스 고등학교의 러닝 코치로 일하며 언제나 새로운 일에 도전했던 그는 수많은 학생에게 본보기가 되었다.

그는 인종 문제를 해결하기 위해 지역 홍보 캠페인을 벌였고, 마을 신문사에 칼럼을 기고했다. 저녁 만찬을 개최하고 교회에서 설교를 나가기도 했다. 마지막까지 지역 시니어 센터에서 강연을 펼쳤다. 그는 연설을 통해 지역 자선 단체를 강조하고 자신이 자선 단체에서 어떤 일을 하고 있는지 소개했다. 그리고 자선 단체에서 일하거나 자선 단체의 후원을 받는 사람들과 함께 달리기를 하며 기금을 마련했다.

더 나은 세상을 만들기 위한 그의 지칠 줄 모르는 열정이 전체 공동체를 변화시켰다. 비영리단체들이 네트워크를 형성해 모범 사례를 공유하기 시작했다. 도시 공무원들도 자선 단체와 손을 잡고 지역 곳곳을 돌며 지역 환경 개선을 위해 노력하기 시작했다. 지역 경찰들은 빈곤 퇴치에 나선 사라의 노력 덕분에 범죄율이 감소했다며 사라를 칭송했다.

사라는 남편과 세 자녀를 남기고 세상을 떠났다. 그의 가족 역시 사라의 뜻을 이어받아 여러 마라톤에 참여했다. 그들은 마라톤에서 좋은 결과를 낼 때면 상금 전체를 사라의 자선 단체에 기부해달라고 주최 측에 부탁한다.

추도사 작성은 자기 삶에 대한 진지한 고민 그 이상으로, 삶의 견인력을 높여주는 전략이자 계획이다. 이제 당신의 마음은 추도사에 적은 대로 자연스럽게 움직이기 시작할 것이다. 추도사를 읽을 때마다 당신의 마음에 인지부조화가 생기고, 그 부조화를 줄이기 위해 추도사에 적은 대로 행동하게 될 것이다.

물론 더 현실적이고 더 흥미롭고 더 고무적인 추도사를 쓰고 싶다면 언제든지 수정해도 좋다. 완전히 뜯어고쳐도 괜찮다. 추도사를 읽으며 당신은 삶의 스토리에 더 큰 관심을 두게 될 것이고, 추도사에 적은 대로 더 열심히 살게 될 것이다.

앞으로 추도사에 적은 것들이 이루어지더라도 놀라지 말자. 내가 열다섯 살 때쯤 한번은 학교에 온 초청 강사가 앞으로 20년 후 자기 삶이 어떻게 될지 친구에게 편지를 쓰라고 한 적이 있었다. 그는 우리에게 20분의 시간을 주었고 나는 내가 이루고 싶은 것들을 편지에 쏟아냈다. 여름이 무척 더운 텍사스에서 자란 나는 이다음에 크면 오리건주에서 살고 싶었고(캐나다와 가장 가까울 거라고 착각했다), 《뉴욕타임스》 베스트셀러 작가가 되고 싶었고, 내 사업을 운영하고 싶었다.

나는 그 편지를 다 쓴 뒤 같은 반 친구에게 건넸다. 정확히 20년 후, 그 친구가 어느 날 다락방에서 내가 준 편지를 발견했다. 그는 내게 전화를 걸어 이미 신문을 통해 유명한 베스트셀러 작가가 된 것은 알고 있다며 실제로 오리건에 살고 있는지, 사업을 운영하고 있는지 물었다. 그의 전화를 받자, 내가 쓴 편지가 어렴풋이 기억났다. 예상대로 나는 모든 꿈을 이뤘다. 이후 나는 비전을 적는 게 얼마나 큰 힘을 갖는지 믿게 되었다.

물론 비전을 적는 게 마법이라고는 생각지 않는다. 하지만 우리의 잠재의식 속에서 나침반 같은 역할을 하는 것은 확실하다. 나침반을 가지고 세상에 나갔을 때 우리는 정해진 비전에 맞는 결정을 할 수 있고 그 결과 목표를 향해 나아갈 수 있다.

최근 우리 회사에서 비즈니스 코치로 일하는 토니가 캘리포니아에 있는 한 소년원에 추도사 쓰기 강의를 나갔다. 토니는 퓨어게임Pure Game이라는 단체를 운영하고 있다. 퓨어게임은 학교와 소년원을 찾아 스포츠를 활용해 그곳에 있는 학생들이 긍정적인 변화를 이루도록 돕는다. 토니 말에 따르면 소년원에 있는 아이들은 대체로 어려운 가정환경과 가족 문제 때문에 소년원에 왔으며 대부분이 양육자로부터 버려졌다고 했다.

아이들은 자신의 추도사에 어떤 부모가 되고 싶은지, 어떤 배우자가 되고 싶은지, 자신의 아이들에게 어떤 존재가 되고 싶은지를 썼다. 나는 그 아이들의 추도사를 읽으며 크게 감동했다. 아이들은 자신들이 살아온 삶의 패턴을 끝내고 싶어 하는 것 같았다.

마크

마크는 늘 사랑을 베푸는 다정하고 유쾌한 사람이었다. 그는 아내의 행복을 위해 뭐든지 하는 훌륭한 남편이자 아들에게 더 나은 세상을 물려주려고 애쓰는 좋은 아버지였다. 노숙 생활에서 벗어나 엄청난 유산을 남겼고 가족들이 자랑스러워하는 아들이고 손자였다. 마크는 유명한 기업가 중 한 사람이었다. 그는 사망 후에도 가족들이 이어갈 수 있는 사업체를 설립했다. 마크는 사람을 웃음 짓게 하고 베풀 줄 알았다.

에인절

에인절은 착하고 사랑이 가득한 아버지였으며 근면 성실하고 존경받는 어른이었다. 그는 책임감 있게 가족을 돌봤으며 의류 브랜드를 창업해 누구나 알 만한 회사로 키워냈다. 에인절은 가족과 함께 즐겁게 지냈다. 매년 하와이, 괌과 같은 휴양지로 가서 함께 웃고 떠들었다.

나에게도 일어난 일들이 이 아이들에게도 펼쳐질 거란 걸 알기에, 그들의 추도사를 읽으며 목이 메었다. 여러분도 추도사를 쓴 뒤 좋든 나쁘든 무언가 결정을 내려야 할 때 스스로 정한 삶의 스토리를 떠올리며 자신이 살고자 했던 삶인지 생각해보자.

삶을 한 편의 영화라고 생각하고 영화를 더 의미 있게, 더 재미있게 만든다면 멋진 삶을 설계할 수 있다. "영화 속 캐릭터가 이렇게 행동한다면, 나는 이 캐릭터를 좋아할까?" 자기 자신에게 이렇게 물어본다면 더 깊은 인생의 지혜를 찾고 더 멋진 인생을 경험할 준비가 된 것이다.

운명은 우리의 스토리를 쓰지 않는다. 적어도 전부는 아니다. 스토리는 스스로 만들어가야 한다. 비전을 세우고 매일매일 조금씩 플롯에 작은 스토리를 보태야 한다. 운명이 냉정하게 쓴 스토리에 상처받고 패배자로 살 필요가 없다. 매일 아침 계획을 세우고 되새긴다면 성취감을 얻고 삶의 깊은 의미를 경험하게 될 것이다.

라이프 플랜의 첫 번째 과제를 작성한 후 아침 루틴으로 삼아보자. 자, 추도사를 쓸 준비가 됐는가?

인생은 한 권의 책과 같다. 어리석은 이는 아무렇게나
책장을 넘겨버리지만, 현명한 사람은 공들여 읽는다.
단 한 번밖에 그 책을 읽지 못함을 알기 때문이다.

_장 파울

10년, 5년, 1년 비전을 세워라

당신이 추도사를 쓰며 용기를 얻으면 좋겠다. 때로는 비전을 세우는 것만으로도 희망이 생기고 이룰 수 있다는 믿음이 생긴다. 때로는 어디서부터 시작해야 할지 몰라 막막할 때도 있다. 스스로 쓴 추도사를 보면 욕심이 과한 것 같기도 하고, 생각처럼 살 수 없을 것 같은 마음이 들기도 한다. 하지만 라이프 플랜의 두 번째 과제인 10년, 5년, 1년 비전 세우기를 마친 후에는 그런 생각이 들지 않을 것이다.

한 번에 하나씩 단계별로

—

작가가 스토리의 방향을 정하고 나면 그다음엔 캐릭터들을 클라이맥스 장면으로 몰고 갈 순간을 계획한다. 스토리를 끌고 나가는 동안에는 플롯을 잃지 않도록 조심해야 한다. 이는 곧 주제가 필요하다는 뜻이다. 훌륭한 스토리를 만드는 가장 좋은 방법은 주제에 벗어난 다른 것을 넣지 않는 것이다.

좋은 글을 쓰려면 더하는 게 아니라 빼야 한다. 좋은 작가란 모름지기 무엇을 빼야 하는지 안다. 그래서 좋은 글을 쓸 수 있는 것이다. 다들 플롯이 없는 영화를 한두 편쯤 봤을 것이다. 처음에 주인공이 등장하고 30여 분이 지나 다른 캐릭터가 등장한다. 또 얼마 지나지 않아 또 다른 캐릭터가 등장한다. 이제 관객은 처음에 등장했던 캐릭터에 집중하지 못한다. 점점 다른 캐릭터의 활약도 기대되지 않을뿐더러 지나치게 많은 내용에 집중하느라 머리가 지끈거린다. 결국 관객은 영화관을 박차고 나간다. 작가가 경로를 벗어났기 때문에 스토리 역시 길을 잃었다. 이야기를 다른 방향으로 끌고 갈 수도 있었겠지만, 진짜 문제는 원래 플롯에 맞지는 않는 장면들을 제대로 편집하지 못한 데 있다.

"아끼는 것들을 버려라." 글을 쓸 때 자주 언급되는 조언이다. 아무리 캐릭터가 매력적이고 장면이 멋지고 스토리 라인이 좋아도 플롯에 도움이 되지 않는다면 과감히 버려야 한다.

삶은 때때로 영화관에 앉아 집중하기 어려운 영화를 보는 것과 비슷하다. 우리는 해마다 몇 번씩 삶의 플롯에 도움이 되지 않는 상황에 부닥치곤 한다. 놓치면 안 되는 미팅이라고 해서 비행기를 타고 다른 도시까지 날아갔건만 내가 원하는 변화와는 아무런 상관이 없는 일이었다는 걸 깨닫기도 하고, 생각지 못한 계기로 나를 희생해가며 다른 사람을 위해 사건에 풍덩 뛰어들기도 한다.

스토리의 주제를 알고 추도사에 적어 기억하는 것만으로는 삶에 집중하기에 충분치 않다. 몇 가지 더 해야 할 일이 있다. 우리를 이야기로 끌어당길 장면을 적고 그것이 우리가 결정한 주제에 도움이 되는지 확인해야 한다.

물론 우리는 삶을 통제할 수 없고 해서도 안 된다. 무슨 일이 생길

지 모르기 때문에 종종 마법 같은 경험을 겪기도 한다. 삶을 지나치게 통제한다면 즐거운 일을 놓칠지 모른다. 때때로 운명에 순풍이 불기도 한다. 그 바람이 우리를 원하는 곳으로 데려다줘야 진정한 순풍이라고 할 수 있겠지만.

장기 비전을 짧고 실행하기 쉬운 단기 비전으로 바꿔줄 세 가지 워크시트를 준비했다. 당신은 이 워크시트를 통해 길을 잃지 않고 원하는 곳으로 곧장 갈 수 있을 것이다. 추도사가 비전을 실천하기에 매우 유용한 건 사실이지만, 너무 먼 미래에 초점이 맞춰져 있다 보니 종종 다른 사람의 이야기처럼 멀게 느껴질 수 있다. 하지만 10년, 5년, 1년으로 나누어 비전을 세우면 추도사에 적은 장기 비전에 맞춰 한 단계씩 올바른 방향으로 갈 수 있다.

변화는 올바른 방향으로

—

구스힐로 오기 전 우리 부부는 제대로 된 서재가 없는 작은 집에 살았다. 나는 뒷마당 창고에 글을 쓸 공간을 만들기로 결심했다. 화장실이나 수도 시설이 없는 3.5평 크기의 작은 공간이었다. 나는 책상 하나에 의자 하나, 선반 하나를 두었다. 어느새 그곳은 내가 제일 아끼는 공간이 되었다. 그 창고에서 나는 두서너 권의 책을 썼다. 창고 주변에 생존력이 강하고 성장 속도가 빠르며 봄가을로 노란색 꽃을 피우는 덩굴식물인 캐롤라이나 재스민을 심었다. 창고 밖에 격자 구조물을 설치했더니 덩굴나무가 구조물을 타고 올라 창고가 마치 고급스러운 닭장처럼 보였다. 나는 몇 년에 걸쳐 재스민의 덩굴을 잘라가며 격자 구조물을 타고 자라도록 만들었다. 얼마간 이 일을 게을리했더니 며칠 지나지 않아 창고는 잎사귀와 꽃들로 뒤덮인 커다란 초록색 상자처럼 변했다. 재스민 덩굴이 창고 안으로 파고들며 자라기 시작하더니 나무판자와 석고보드를 뚫고 들어와서는 창문 안쪽으로 휘감아 돌며 커튼을 타고 책상 뒤편으로 자랐다. 덩굴은 이처럼 내게 방향이 중요하다는 사실을 상기시켜 주었다.

우리는 캐롤라이나 재스민과 같다. 해마다 더 나은 모습으로 변모하고 성장해간다. 가꾸고 노력하지 않으면 산지사방으로 뻗어나간다. 스토리의 방향을 결정하지 않으면 마구 뻗어나가 정원의 다른 식물을 잠식하고, 삶의 벽을 뚫어버리고, 바닥을 뒤덮을 것이다. 이는 모두 우리가 잡고 올라갈 무언가를 찾지 못했기 때문이다.

10년, 5년, 1년 비전 세우기 연습은 격자 구조물과 같다. 뻗어나갈 방향을 정하면 스토리가 끝나갈 즈음 당신의 삶은 원하던 모습을 이룰 수 있을 것이다.

10년, 5년, 1년 비전 워크시트

—

라이프 플랜의 두 번째 과제는 10년, 5년, 1년 워크시트 작성하기다. 세 가지 비전 워크시트는 구성이 똑같다. 10년 워크시트부터 시작해 5년, 1년 순으로 작성하면 된다. 워크시트를 작성하다 보면 10년 안에 이룰 수 있는 일이 많다고 생각하겠지만 5년, 1년 워크시트를 작성하면서 포부가 너무 컸다는 사실을 알게 될 것이다.

1년 비전 워크시트를 작성할 때는 바로 행동에 옮기지 않으면 멋진 스토리를 쓸 수 없다는 사실을 깨닫게 될 것이다. 즉각적으로 행동해야 스토리의 견인력을 높일 수 있다. 멋진 스토리를 쓰려면 거의 매일 앞으로 나아가야 한다. 그렇지 않으면 어느새 운명의 지배를 받게 된다. 물론 운명은 우리를 돕거나, 혹은 해치려고 음모를 꾸미지 않는다. 운명은 그저 존재할 뿐이다. 그에 반해 의지는 우리 손에 달려 있고 우리의 미래에 영향을 끼친다.

추도사 쓰기가 꿈을 꾸고 희망을 품는 연습이라면 비전 워크시트는 그보다 실용적이다. 꿈을 이루려면 망치를 들고 일해야 한다. 비전 워크시트를 작성하면 무엇을 해야 할지 알게 될 것이다.

이 과정이 끝나면 당신은 10년, 5년, 1년 비전을 세울 수 있다. 그리고 이 책을 다 읽고 나면 라이프 플랜을 제대로 세울 수 있을 것이다. 부록에 실린 워크시트를 사용해도 좋고 워크시트를 확대 복사해서 사용해도 좋다. 히어로온어미션닷컴 온라인 사이트를 이용해도 좋다.

앞서 말했듯이, 10년, 5년, 1년 워크시트는 같은 형식이라서 같은 활동을 세 번 하게 된다. 이 모든 과정을 마치면 네 장의 아침 루틴 자료를 갖게 된다. 먼저 추도사를 읽고 10년, 5년, 1년 비전 워크시트 순으로 읽으면 된다. 네 장의 자료를 읽다 보면 삶의 견인력이 높아지고 매일 아침 눈을 뜰 때 오늘은 또 어떤 일이 펼쳐질지 기대하게 될 것이다.

라이프 플랜 워크시트를 살펴보자.

라이프 플랜: 10년 비전

올해 당신의 삶을 영화로 만든다면 영화의 제목은?

_____

나이

_____

커리어

- _____
- _____
- _____

건강

- _____
- _____
- _____

가족

- _____
- _____
- _____

친구

- _____
- _____
- _____

내적 성장

- _____
- _____
- _____

- _____
- _____
- _____

매일 해야 할 두 가지

- _____
- _____

매일 하지 말아야 할 두 가지

- _____
- _____

현재 내 삶의 핵심 주제

- _____
- _____
- _____

- _____
- _____
- _____

워크시트를 올바르게 작성할 수 있도록 항목마다 차근차근 살펴보려고 한다. 세 가지 워크시트가 같으니 10년 워크시트를 먼저 작성하고 5년, 1년 순으로 작성하자.

이제 워크시트를 항목별로 살펴보자.

영화 제목

각각의 워크시트는 영화 제목 정하기로 시작한다. 우리의 삶을 다룬 영화의 제목을 정하는 이유는 다음과 같다. 첫째, 삶은 시간에 따라 전개되는 하나의 스토리며 핵심을 관통하는 주제가 있어야 하기 때문이다. 둘째, 추도사가 그렇듯 제목이 비전을 실현하는 데 도움이 되기 때문이다.

각각의 비전 워크시트 제목을 정할 때는 앞으로 10년, 5년, 1년의 삶을 상상해보자. 주인공은 어떤 캐릭터이며 주인공이 어떻게 될지 생각하며 영화 제목을 지어보자. 당신이 미래를 내다보고 있다는 점을 명심하자. 당신의 지금 모습과는 상관없이 수평선에 서서 어느 방향으로 갈지 정해보자. 미래를 생각하지 못하면 어느 방향으로 가야 할지 알 수 없다.

내 10년 비전의 영화 제목은 '용감한 리더'다. 어렸을 적 어머니는 침대 머리맡에 내 이름의 의미를 적은 액자를 걸어두었다. 그 액자에는 '도널드 밀러'라는 이름 아래 '용감한 리더'라고 적혀 있었다. 나는 아직도 그 액자를 기억한다. 나는 리더감이 아니었다. 더군다나 용감한 것과는 거리가 멀었다. 그럼에도 수년간 리더로 지내왔다. 용감한 리더가 되어야 한다고 생각했기 때문이다. 액자를 걸어두신 어머니께 감사를 표한다. 나는 은연중에 용감한 리더가 되어야 한다고 생각했고, 그를 위해 노력해왔다. 여전히 나는 달라지고 싶다. 목표를 위해 더 많은 용기가 필요하다. 가족을 부양하고 회사를 키우고 책을 쓰려면 내 목소리, 내 생각을 믿어야 한다.

마찬가지로 미션에 나선 히어로는 모두 용감한 리더가 되어야 한다.

나는 내 스토리를 에멀린과 벳시에게 남겨야 한다. 그래서 내 5년 비전 영화의 제목은 '유산 만들기'다. 아내와 딸이 우리가 함께 만든 가족이라는 관계에 끈끈한 유대감을 갖기를 바란다. 내 1년 비전 영화의 제목은 '탄탄한 토대 만들기 총력전'이다. 요즘 그 어느 때보다 할 일이 많고, 특히 내년은 앞으로 다가올 20년에 매우 중요한 해가 될 것이다. 우리 회사에는 아직 많은 콘텐츠가 필요하다. 앞으로 1년간 열심히 일해야 한다. 좀 더 구체적으로 말하자면 정신 차리고 똑바로 열심히 해야 한다.

용감한 지도자가 되기 위해서 몇 가지 다른 스토리를 만들고 개인적 변화를 도모해야 한다. 일에 집중하고 사랑하는 사람들과 추억을 쌓아야 한다. 작업실 창고의 격자 구조물이 재스민 덩굴이 갈 길을 인도했듯, 비전 워크시트와 스토리 제목이 나를 인도할 것이다.

나는 어떤 방향으로 나아갈지 이미 결정했다. 스스로 삶을 통제하고 행위의 주체라는 사실을 받아들인 만큼 내가 만든 격자 구조물인 세 개의 워크시트에 맞춰 스토리를 써나갈 것이다.

나이와 데드라인

워크시트의 두 번째 칸에는 10년, 5년, 1년 후 당신의 나이를 적어 보자. 나는 10년 비전 워크시트에 적힌 '59세'를 보면 기분이 이상하다. 아이들은 자신은 처음부터 아이고 할머니, 할아버지는 처음부터 노인이었다고 생각한다. 우리는 나이가 들 거라고 생각하지 않는다. 하지만 스토리를 어떻게 쓰든 페이지는 넘어간다. 나이가 드는 것은 슬프지만 어찌 보면 아름다운 일이다. 삶의 스토리에 끝이 있다는 사실을 받아들이면 행동의 필요성을 더 절실히 느끼게 된다.

10년, 5년, 1년 후 나이를 적다 보면 우리 삶의 페이지는 넘어가고 우리가 주체가 되어 무언가 흥미로운 것을 써야 한다는 진실을 받아들이게 된다. 어느 날 아침 일어나 보니 어느새 1년이 지나 9년밖에 남지 않았다는 것을 아는 순간 시간의 흐름이 더 와닿을 것이다. 째깍째깍, 오늘도 시계는 움직인다.

아침 루틴으로 라이프 플랜을 점검하며 10년 뒤, 5년 뒤, 1년 뒤에 자신이 몇 살일까를 생각하면 시간의 흐름을 실감할 수 있고, 그 결과 삶에 견인력이 생긴다.

하위 플롯

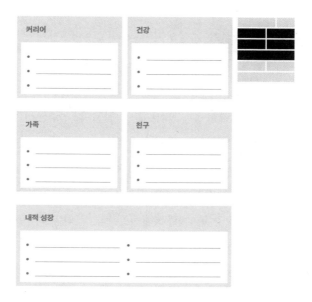

비전 워크시트는 전체 스토리를 하위 플롯으로 나누어 최상의 결과를 끌어내는 데 도움이 된다. 하위 플롯은 스토리를 빠르게 진행해 관객이 흥미를 잃지 않도록 한다.

우리는 영화를 볼 때 하나의 스토리를 본다고 생각한다. 하지만 틀렸다. 우리는 하나의 큰 플롯을 구성하는 일련의 짧은 스토리를 보는 것이다. 가령 마라톤을 뛰고 싶은 한 남자의 스토리에는 커리어에 관한 하위 플롯과 허리춤에 타이어를 맨 채 뛰는 호된 훈련을 요구하는 코치 때문에 얼마나 힘든지에 관한 하위 플롯이 있을 수 있다. 또 그의 청혼 반지를 기다리다 지친 애인에 관한 하위 플롯도 있을 수 있다. 오랜 세월 자기 발목을 잡았던 가족과의 관계를 변화시켜야 한다는 하위 플롯도 있을 수 있다.

하위 플롯이 전체 플롯으로 이어진다면 그 스토리는 더할 나위 없다. 추도사는 전체 플롯을 결정하지만, 하위 플롯은 전체 플롯 안에서 짧은 스토리 역할을 한다. 또한 하위 플롯은 다양성을 추가해 스토리를 재미있게 만든다.

이는 삶의 다양한 영역에서 어떤 일이 일어나고 있는지 알게 해주기 때문에 목표를 세분화하는 데 도움이 된다. 예를 들어, 나는 커리어 관련 하위 플롯에 회사의 재정 목표, 책 집필, 친구들과 진행 중인 작은 프로젝트를 적었다. 건강과 관련해서는 매일 자전거로 100마일을 달리고 싶다고 적었다. 가족과 관련해서는 지금처럼 가족과 여가를 함께하며 에멀린 양육에 신경 쓰고 싶다고 적었다. 그리고 최근 들어 요리에 흥미가 생겨 요리를 잘하고 싶다고도 적었다. 공동체 관련해서는 내가 만든 자문위원회를 발전시키고 구스힐에서 계속 행사를 열고 싶다고 적었다. 내적 성장을 위한 목표는 아침 루틴으로 이어진다. 루틴을 실행하는 중에 벳시와 에멀린, 그리고 가까운 친구들을 위해 기도하는 시간을 갖는다.

각각의 하위 플롯은 그 자체로 하나의 스토리다. 하위 플롯들이 내 삶의 전체 스토리로 연결되어 더 나은 스토리를 만든다. 하위 플롯이 많아도 전체 스토리로 이어진다면 괜찮다. 그러나 수많은 하위 플롯이 전체 스토리로 이어지지 않는다면 그 결과는 처참하다.

하위 플롯을 삶의 전체 미션에 맞추면 플롯을 잃지 않고 스토리를 쓸 수 있다.

매일 해야 할 일과 하지 말아야 할 일

매일 해야 할 두 가지	매일 하지 말아야 할 두 가지	
• _____	• _____	
• _____	• _____	

비전 워크시트는 꿈과 계획에 관한 것이다. 하지만 히어로에게 가장 중요한 건 '행동'이다. 처음부터 끝까지 두 사람이 테이블에 앉아 인생을 논하는 영화는 많지 않다. 관객이 재미를 느끼려면 캐릭터들이 움직여야 한다.

문학 작품을 자세히 살펴보면 동작 동사가 많다는 걸 알 수 있다. 등장인물이 침대 시트를 훌훌 '벗겨내고' 슬리퍼를 '신고' 화장실로 '가고' 샤워기에서 차가운 물이 쏟아지자 '비명을 지르고' 바지를 '입고' 벨트를 '매고' 커피를 '홀짝거리고' 손을 '흔들어' 택시를 잡아 세우고 택시 문을 '연다'.

스토리건 삶이건 캐릭터는 행동해야 한다. 당신 역시 이 책을 다 읽고 나면 익힌 내용을 행동으로 옮기길 바란다. 생각과 꿈만으로는 달라질 수 없다. 행동하지 않으면 달라지지 않는다.

비전 워크시트 아래 칸에 매일 하기로 결심한 두 가지 행동을 적어보자. 나는 매일 20분 정도 운동을 하고 글을 쓴다. 곧 소개할 데일리 플래너에 이러한 것들을 적을 것이다. 두 가지 행동을 매일 실행하다 보면 분명 긍정적인 방향으로 움직이게 된다.

두 가지 행동은 간단하고 기본적이지만 무엇보다 중요한 것이어야 한다. 기본적 행동이란 도미노 효과를 일으키는 행동을 말한다. 매일 아침 일찍 일어나 글을 쓰는 일은 기본적으로 해야 할 행동이다. 비록 몇 단락에 지나지 않는다고 해도 매일매일 글을 쓰다 보면 장례식이 치러질 즈음엔 쓴 책이 추도사에 적은 대로 족히 20권은 될 것이다.

그뿐만이 아니다. 내가 하기로 한 행동이 삶의 다른 영역에 긍정적인 도미노 효과를 가져온다. 예를 들어 글을 쓰려면 아침 일찍 일어나야 한다. 그러려면 저녁에 과음하거나 게임을 하느라 늦게까지 깨어있지 않아야 하고, 덕분에 바람직한 수면 패턴을 유지할 수 있다. 사실 나는 글을 쓰기 위해 매일 일찍 일어나면서부터 술을 거의 마시지 않게 되었다. 결국 글쓰기 덕분에 삶의 건강한 리듬을 유지하고 있다.

운동도 마찬가지다. 나는 구스힐 주변 언덕을 걷거나 수영을 한다. 매일 20분씩 심장이 뛸 정도로 운동을 하니 건강해질 뿐만 아니라 20분씩 사색할 시간도 생긴다. 참고로 나는 산책할 때 제일 좋은 생각이 떠오른다. 그뿐인가? 부지런히 걸으니 식욕도 좋아지고 심장도 튼튼해진다. 그 결과 더 오래 벳시와 에멀린과 살 수 있다. 솔직히 말하면 운동을 매일 하는 건 아니다. 일주일에 5일 글을 쓰고 2~3일 운동을 한다. 이러저러하게 나 자신에게 엄청난 은총을 베풀고 있다. 그러나 일주일에 몇 번씩만 해도 아예 정해 놓지 않았을 때보다 잘 실천하고 있는 것이다.

계획대로 하지 못하고 며칠을 건너뛰어 죄책감이 들기 시작하면 자괴감을 느끼고 결국 포기하고 만다. 그러면 계획 자체가 쓸모없어진다. 따라서 매일 할 일을 너무 빡빡하게 정하지 말자. 그리고 할 일을 정했으면 가능한 한 꾸준히 하려고 노력하자. 라이프 플랜은 우리를 판단하는 잣대가 아니다. 라이프 플랜은 우리를 이끌고 격려한다.

당신이 추도사에 적은 비전을 달성할 수 있도록 이끌어줄, 매일매일 실천하고 싶은 두 가지 행동은 무엇인가? 이를 신중하게 결정해 비전 워크시트에 적어보자. 두 가지 행동을 지속하고 싶다면 5년, 10년 비전 워크시트에 기준을 높여 적는다. 예를 들어 올해는 매일 산책하기를 적었다면 5년 뒤에는 5킬로미터씩 달리기를 적자. 워크시트를 점검할 때쯤 산책을 조깅으로 바꿔야겠다는 생각이 들 것이다.

여기서 잠깐, 행동만큼 제약도 중요하다. 비전 워크시트에는 더 이상 하지 말아야 할 행동도 적어야 한다.

나는 하지 말아야 할 두 가지로 단 음식 섭취하기와 다른 사람 비하하기를 정했다. 설탕을 먹지 않으면 두뇌 회전이 빨라져 더 좋은 단어를 고를 수 있다. 또 중요한 대화에 집중할 수 있고, 무엇보다 더 건강해진다. 그리고 다른 사람을 비하하지 않으면 더 긍정적으로 사고하게 되고, 나 자신이 뒷담화나 해대는 위선자라는 생각이 들지 않는다. 이는 내 안의 빌런이 무대에 나가 날뛰지 못하게 하는 방법 가운데 하나다. 빌런은 자신의 힘을 과시하며 상대를 괴롭히고 비하한다. 나는 정말 그런 행동은 하고 싶지 않다.

당신은 하고 싶지 않은 일이 있는가? 그 행동에 당신의 가치관이 드러나는가?

특정 행동을 하지 않는 것은 행동에 나서는 것만큼 혹은 더 효과적이라고 입증되었다. 나는 행동하는 사람이지만 사실 내 삶을 가장 많이 바꿔 놓은 것은 제약이다. 나는 사람에 대해 긍정적인 면을 말하고 싶다. 물론 다른 누군가가 당하지 않도록 상대방의 악행을 폭로하는 게 마땅할 때도 있다. 하지만 상대방의 가장 좋은 면을 볼 때 우리 삶이 더 발전하는 법이다.

매일 해야 할 일 두 가지와 하지 말아야 일 두 가지를 무엇으로 정하든 여기서 핵심은 더 나은 사람이 되기 위해 움직이는 것이다. 히어로가 자신에게 주어진 도전을 받아들일 때 변화가 시작된다. 비전 워크시트에 적은 것들을 이루려면 완전히 달라져야 한다.

앞서도 얘기했지만, 패배자와 빌런은 변하지 않는다. 패배자는 도움을 받을 순 있어도 변하진 않는다. 그리고 빌런은 처음부터 끝까지 비열하다. 변화를 경험하는 건 해야 할 일과 하지 말아야 할 일을 명확하게 구분하고 행동에 나서는 히어로다.

히어로는 허무주의에 빠질 여유가 없다
—

플랜은 당신을 무의미한 삶에서 구해줄 것이다. 플랜을 점검할수록 빅터 프랭클이 경고한 실존적 공허를 피할 수 있기 때문이다.

액션 영화의 주인공은 카메라에 대고 "지루해"라고 말하지 않는다. 덴절 워싱턴, 맷 데이먼, 리암 니슨, 갈 가도트를 생각해보자. 그들은 세상을 구하느라 정신이 없어 삶이 지루할 틈이 없다.

허무주의자들은 삶이 의미 없다고 믿기 때문에 변화의 필요성을 느끼지 못한다. 그들에게 삶은 무료하다. 비전도 없다. 스스로 통제할 수 있는 내적인 힘도 없으며 자신의 행위 주체성을 받아들이지도 않는다. 시간이 부족하다고? 허무주의자들에게는 시간이 너무 많아 문제다.

그들을 욕하려는 게 아니다. 삶의 의미와 인류의 목적을 엄격한 철학적 관점으로 이해하려 들면 허무주의자가 되기 쉽다. 프리드리히 니체, 장 폴 사르트르, 시몬 드 보부아르, 쇠렌 키르케고르는 모두 허무주의자다. 물론 그들은 나보다 훨씬 똑똑하고 현명하다. 나는 그저 삶의 목적을 연구하고 그 의미를 알아내야 한다고 생각지 않을 뿐이다. 삶은 그냥 삶이다. 연인이 손을 잡는데 그 둘 사이에 뇌과학이 어쩌고저쩌고 따지는 것은 로맨틱하지 않다. 그런 생각 없이 나누는 사랑이 훨씬 더 짜릿하다.

다시 말하지만 행동하지 않으면 의미를 경험할 수 없다. 비전 워크시트가 당신이 어떤 방향으로 살아야 할지, 어떤 행동을 취해야 할지 정확히 알려줄 것이다.

허무주의와 마음을 어지럽히는 운명론은 행동하지 않기 때문에 일어나는 일종의 사치다. 외과 의사가 심장 이식 수술을 하면서 허무주의에 빠지진 않는다. 생명을 구하느라 정신이 없어서 삶의 의미를 곰곰이 따져볼 겨를도 없고 너무 바빠서 의미를 경험하는 게 왜 좋은지 따져볼 시간도 없다. 여기서 핵심은 행동이다. 의미 있는 일을 하자. 미션을 정하고 쓸데없는 것들을 버리고 삶의 스토리에 뭔가를 써보자.

추도사와 비전 워크시트는 스토리의 주제를 파악하는 데 도움이 된다. 다음에 소개할 두 가지 워크시트는 스토리에 플롯을 추가하고 그 플롯을 행동에 옮기도록 도와줄 것이다. 이어지는 내용에서는 실행할 수 있는 목표 설정 방법에 대해 살펴볼 것이다. 그리고 마지막으로 지금껏 이야기한 모든 것이 담긴 데일리 플래너를 소개하려고 한다.

목표가 나를 끌어당기게 하라

이제 당신은 비전 워크시트에 책을 쓰고 싶다, 사업을 시작하고 싶다, 정원을 가꾸고 싶다 등 해보고 싶은 프로젝트를 적었을 것이다. 라이프 플랜 만들기와 의미 있는 삶 경험하기의 세 번째 단계는 목표 설정 워크시트 작성하기다. 목표 설정 워크시트는 선택사항이다. 그다지 필요하지 않은 사람도 있기 때문이다.

10년, 5년, 1년 비전은 스토리에 견인력을 만들고 우리를 더 열심히 살게 한다. 하지만 새로운 일을 시작하거나 목표를 설정할 때는 목표 설정 워크시트가 특히 도움이 된다. 나는 주요 프로젝트에 관한 생각을 정리할 때 목표 설정 워크시트를 이용한다. 하지만 아침마다 목표를 점검하진 않는다. 기껏해야 일주일에 한 번 정도 확인한다. 비전 워크시트만으로도 동기를 부여하기에 충분하기 때문이다.

앞서 이야기했듯 스토리가 전개되려면 행동해야 한다. 구체적으로 무엇을 해야 할까? 나는 현재 몇 가지 목표를 세웠다. 당신이 이 책을 읽고 있다면 나는 적어도 한 가지 목표는 이룬 셈이다. 이 책을 끝내고 세 권을 더 쓸 계획이다. 네 권의 책 집필이 내가 세운 각각의 목표다.

예전에 나는 목표 설정 워크시트에 구스힐에 관해 적었다. 아직도 구스힐은 거의 모든 목표 설정 워크시트에 등장한다. 새로운 비즈니스 사업부와 새로운 공동체 구상도 적었다.

프로젝트를 완성하고 목표를 달성하려면 몇 가지 전략이 필요하다.

목표 달성 공략
—

목표 달성에 실패하는 한 가지 이유는 일단 목표를 세우고 나면 모든 게 마법처럼 이뤄질 거라고 믿기 때문이다. 목표를 적는다고 목표가 이뤄지는 건 아니다. 전략이 필요하다.

여러 해 전 나는 포틀랜드에서 워싱턴 D.C.로 이사했다. 그때 가진 것 전부를 팔아 캠핑카를 샀다. 이 일이 결혼 전 루시와 나의 마지막 모험이 될 거라고 생각했다. 여행하며 들으려고 심리학자와 신경학자들이 쓴 목표 설정, 의지력, 절제에 관한 오디오북을 구입했다. 영감을 얻기 위해서라기보다 뇌를 분석해 더 많이 일하는 방법을 찾고 싶었다.

이 큰 나라를 해안에서 해안으로 이동하면서 정말 많은 오디오북을 들었다. 남서부를 여행할 때는 뇌과학에 관한 에세이를 마구 들어댔다. 나는 많은 걸 배웠다. 하지만 문제가 있었다. 내가 들은 오디오북에 나오는 내용은 실용적이지 못했다. 때때로 심리학자와 연구자들이 말하는 것들은 실생활에 적용하기가 쉽지 않다. 나는 연구 결과를 실제에 적용하는 데 도움이 될 만한 워크시트가 필요했다.

이번에 소개할 목표 설정 워크시트와 플래너는 당시 장거리 여행 중에 만들었다.

목표 설정 워크시트

목표

목표가 왜 중요한가?

데드라인

목표 달성 파트너

이정표　❶　❷　❸

매일 희생해야 할 것

반복 횟수

완성하고 싶은 프로젝트와 원하는 목표를 정할 때는 어떻게 해야 할까? 워크시트 속 다음 요소들을 하나씩 살펴보자.

목표의 중요성 파악하기

워크시트의 첫 번째 질문은 "목표가 당신에게 왜 중요한가?"다. 내가 이 질문을 하는 이유는 목표를 달성하려는 근본적인 이유를 알아야 목표와 개인의 스토리를 연결할 수 있기 때문이다. 예를 들어 '빚 갚기'라는 목표를 세웠다고 해보자. 빚 갚기는 수치 목표에 불과하다. 하지만 빚을 갚아야 가족들과 긴 휴가를 즐기고 아이들을 대학에 보낼 수 있다고 생각하면 목표 달성에 더 몰입할 수 있다.

목표가 왜 중요한가에 관한 질문은 "무엇을 얻는가?"를 묻는 것과 같다. 관객은 스토리로 인해 얻는 게 있어야 매력을 느낀다. 목표를 달성하면 무엇을 얻고 달성하지 못하면 무엇을 잃는지 분명히 알아야 한다. 얻는 게 없다면 스토리는 흥미를 잃는다. 리암 니슨이 딸이 납치된 줄 알고 딸을 구하러 유럽으로 날아갔는데 그것이 딸 친구들의 장난이었다면, 그래서 마지막 90분을 딸과 카페에 앉아 대학원 입학 여부를 놓고 떠들다 영화가 끝난다면 무슨 재미겠는가?

매일 아침 루틴으로 목표가 왜 중요한지 생각한다면 목표에 가깝게 다가갈 수 있다.

데드라인 정하기

데드라인을 정하면 목표 달성에 도움이 된다. 추도사를 쓸 때도 앞으로 얼마나 살 수 있을지 생각하면 마음이 조급해진다. 우리에게는 삶과 목표를 끌어줄 견인차가 필요하다. 목표 달성의 이유와 데드라인을 알면 뇌는 스토리에 더 집중할 수 있다.

당신의 목표 달성 워크시트에 데드라인을 적어보자. 목표 달성의 희망 날짜를 적는 순간 카운트다운이 시작된다. 매일 아침 목표를 들여다볼 때마다 째깍째깍 시계 소리가 커진다. 그 소리에 우리는 목표를 향해 더 열심히 달린다.

파트너 정하기

목표 달성 파트너

목표를 왜 달성하려고 하는지 이유를 알고 데드라인을 정하면 목표에 한 발짝 다가갈 수 있다. 더군다나 여럿이 함께 하나의 목표를 향해 달려간다면 그보다 더 좋은 견인차는 없다.

같은 길을 걷는 사람들, 그들이 바로 목표 달성 파트너다. 책임져줄 사람을 말하는 게 아니다. 같은 목표를 세우고 함께 스토리를 만들어갈, 함께 여행을 떠날 그런 파트너를 말하는 것이다. 예를 들어 10킬로그램 감량을 목표로 체중 감량을 해야 하는 이유와 데드라인을 정했지만, 일주일 후 자기도 모르게 페퍼로니 토핑을 추가한 피자를 주문할지도 모른다. 만약 살을 빼고 싶다고 한 다른 친구들에게 전화를 걸어 저녁 식사를 함께하자고 부른 후 같이 체중 감량을 하자고 해보면 어떨까? 감량 기간을 6개월로 정하고 통에 각각 일정 금액의 현금을 넣은 뒤에 10킬로그램을 빼면 돈을 돌려받고 거기다 체중을 감량하지 못한 사람의 몫까지 가져가자고 제안해보자. 그리고 앞으로 6개월간 매주 토요일 아침 7시 공원에서 만나 5킬로미터씩 걸으며 열심히 살을 빼자고 제안해보자.

목표를 향해 함께 나아간다면 그 효과는 만점이다. 인간은 사회적 존재이기 때문에, 혼자보다 여럿일 때 더 멀리 갈 수 있다. 우리는 상대방이 나를 어떻게 생각할지 신경 쓰고 개인의 이익보다 가족을 위해 더 열심히 일한다. 여기서 핵심은 같은 목표를 가진 공동체를 만드는 것이다. 사업을 두 배로 키우고 싶은가? 더 좋은 직장을 구하고 싶은가? 목표가 무엇이든 같은 목표를 가진 공동체를 만들자. 목표를 향해 함께 나아갈 파트너를 찾는다면 달성이 바로 눈앞에 다가올 것이다.

이정표 정하기

산 정상이 보이지 않으면 동기를 유지하기가 어렵다. 10킬로그램 감량이나 사업 시작하기 역시 시작할 엄두가 나지 않는 엄청난 도전처럼 느껴질 수 있다.

목표가 클수록 이정표가 도움이 된다. 목표를 세분화하면 진행 상황을 파악할 수도 있고, 중간중간 성취를 축하하며 의욕을 북돋을 수 있다.

해마다 우리 회사는 1년 재무 목표를 세우고 이를 다시 12개월로 나눈다. 심지어 수입원당 매출 목표를 정하고 이를 다시 12개월로 나누어 열두 개의 이정표를 정한다. 큰 목표를 세분화하여 이정표를 정하면 중간중간 작은 성취를 이루면서 목표 달성 가능성도 높일 수 있다. 예를 들어 '사업 시작하기'보다 서류 작업 시작하기, 웹사이트 구축하기, 첫 제품 만들고 배송하기가 덜 위협적으로 느껴질 것이다.

중간중간 이정표를 확인하며 어디로 가고 있는지, 어디까지 왔는지 살펴볼 수 있다. 또한 진행 상황을 한눈에 파악하기도 좋고 장애물을 만날 때 사기를 높일 수 있다. 작은 진전만큼 희망을 품는 데 좋은 것은 없다.

무엇을 희생할지 정하기

매일 희생해야 할 것

_____

_____

많은 사람이 목표를 적어두면 마법이 작용해 저절로 목표를 달성할 수 있을 거라고 생각한다. 물론 그런 일은 일어나지 않는다. 애초에 목표를 세우는 이유는 희생이 필요하기 때문이다. 희생을 피할 수 있다면 목표를 달성하기가 훨씬 수월하겠지만, 그런 방법은 없다.

목표 달성을 위해 매일 무엇을 희생해야 하는지 구체적으로 이해해야 한다. 가령 신용카드 연체료를 해결하려면 매일 10달러씩 아껴 매달 300달러씩 빚을 갚아야 한다. 그렇게 하면 1년 뒤 빚이 사라질 것이다. 사업을 키우고 싶다면 매일 시간을 내어 거래처와 이야기를 나누고 홍보하는 데 힘을 쏟아야 한다. 히어로는 성공에 희생이 따른다는 사실을 받아들이지만, 패배자는 자기 안에 갇혀 힘도 의지도 없기 때문에 자신이 희생을 견디지 못할 거라고 생각한다.

시간이 지날수록 매일의 희생이 엄청난 결과를 가져온다는 사실을 잊지 말자. 목표 설정 워크시트의 '매일 희생해야 할 것' 칸에 목표 달성을 위해 작게나마 무엇을 희생할지 구체적으로 적어보자.

반복 횟수 체크하기

무엇을 희생할지 정한 후에는 횟수를 기록할 칸을 만들어 목표 달성을 일종의 게임으로 만들어보자.

워크시트 아래쪽 '반복 횟수'에는 인내하고 희생할 때마다 체크할 수 있는 칸이 있다. 만약 이틀 연속 체크 표시를 한다면 하루만 더, 또 하루만 더 하면서 쭉 참아낼 수 있을 것이다. 물론 하루 정도 지키지 못하더라도 걱정할 필요는 없다. 언제든 다시 시작하면 된다.

이 방식 역시 제리 사인필드에게서 배웠다. 그는 매일 자신이 정한 과제를 달성하면 달력에 X 표시를 했다고 한다. 그런데 시간이 지날수록 X 표시를 하고 싶어 과제를 수행하게 되었다고 한다. 빈칸이 생기게 하고 싶지 않았던 것이다. 이를 반복하다 보니 삶이 달라졌다. 사인필드는 좋은 습관 만들기를 점수판에 점수를 매기는 게임처럼 만들었다.

목표는 한 번에 딱 세 개가 좋다. 예를 들어 자전거로 160킬로미터 달리기, 빚 갚기, 책 쓰기를 하고 싶다면 이 세 가지 목표를 다른 목표와 구분해 주요 목표로 정하고 별도의 워크시트를 작성하자. 그러고 세 가지 중 하나를 달성하면 다른 주요 목표로 옮겨가자.

나는 열 개의 목표 설정 워크시트를 작성했지만, 열 개 중 세 개만 아침 루틴으로 점검한다. 우리의 뇌가 한 번에 세 개 이상의 중요한 일에 집중하지 못하기 때문이다. 네 번째 목표를 추가하는 일은 스무 개의 목표를 더하는 것과 다름없다. 뇌가 우선순위와 상관없이 세 개 이후의 목표를 쓰레기통에 마구잡이로 집어넣어 버릴 테니까 말이다.

카메라는 히어로를 쫓는다. 거침없이 행동하는 히어로와 그 행동이 흥미롭기 때문이다. 히어로는 끊임없이 움직이고 행동한다. 목표 설정 워크시트는 당신의 행동을 촉발하기 위해 설계되었다는 것을 잊지 말자. 목표를 달성하기 위해 몸을 움직이지 않으면 의미 있는 경험을 할 수 없다.

어려운 목표를 달성하려면 계획을 신중하게 세우고 계속해서 노력해야 한다. 이 목표 설정 워크시트가 당신이 목표를 세우고 실행하는 데 도움이 되었으면 좋겠다.

이제 마지막으로 스토리에 견인력을 더해줄 데일리 플래너를 살펴보자.

습관이 삶을 만든다

15분짜리 간단한 과제가 지난 15년간 내 인생을 바꿔놓았다. 나는 오늘도 이 데일리 플래너를 작성한다. 데일리 플래너를 작성하지 않으면 종종 오늘 하루는 어떻게 보내야 하나 살짝 고민에 빠진다. 오전 9시에 회의가 있는 건 알지만 그것 말고도 뭔가 해야 할 일이 있을 것 같은 마음이 든다. 어제 하던 몇 가지 일을 마무리해야 하고 오늘 밤 초대한 손님들이 오기 전 벳시를 도와야 한다. 우선순위를 정해 놓지 않으면 쓸데없이 광고 이메일을 들여다보고 그러다 갑자기 회사 문제를 고민하기도 한다. 아침부터 우왕좌왕하면 내 삶이 주방의 잡동사니를 담아둔 서랍처럼 시시해 보인다. 마치 해야 할 일들이 한데 섞여 뒤죽박죽돼버린 기분이다. 정리가 되지 않아서 그렇다.

데일리 플래너에 10분에서 15분 정도를 투자하면 무엇이 중요하고 무엇이 중요하지 않은지가 분명해진다. 간단한 계획으로 하루를 십분 활용할 수 있다. 그뿐만이 아니다. 플래너를 작성하면 원하는 삶의 스토리가 떠오른다. 결국 운명은 핸들을 잡지 못할 것이다. 데일리 플래너를 작성하면 내적 통제 능력이 생겨나 행동의 주체가 되어 스스로 인생을 끌고갈 수 있다.

계속하는 힘은 어디에서 나올까

—

훌륭한 스토리를 쓰는 것과 읽는 것은 별개다. 작가는 몇 달, 혹은 몇 년에 걸쳐 스토리에 쓰지 말아야 할 것들을 정한다. 그런 과정을 통해 독자를 사로잡을 훌륭한 스토리가 탄생한다. 멋진 삶을 사는 것은 멋진 스토리를 쓰는 것과 같다. 좋은 스토리는 작가가 엉덩이를 붙이고 열심히 글을 썼기에 나오는 것이다.

어젯밤 나는 소규모 기업가 모임을 했다. 모임에 나온 사람들이 내게 책을 쓰려면 무엇이 필요하냐고 물었다. 그중 셋이 책을 쓰고 싶어 했고 실제로 아이디어도 가지고 있었다.

"책을 쓰기 위해서는 어떤 게 필요한가요?"라는 질문에 나는 "책을 쓰려고 하지 말고 매일 글 쓰는 일을 즐겨보세요"라고 대답했다. 처음부터 책을 쓰려고 한다면 실패하기 마련이다. 하지만 매일 글 쓰는 일을 즐기고 원고를 차곡차곡 쌓아간다면 책을 쓸 수 있다.

수백만 개의 원고가 책으로 완성되지 못한다. 책을 쓰기로 시작한 사람들이 자신을 믿지 않았거나 책이 완성될 거라고 믿지 않았기 때문이다. 그들의 99퍼센트가 스스로 그만두고 싶지 않았을 것이다.

그만두고 싶지 않은 마음을 결심이라고 부르고 싶진 않다. 언뜻 보기엔 결심처럼 보일지도 모른다. 하지만 아침에 일어나 멋진 스토리를 쓰는 사람은 그 일을 즐긴다. 글이 만족스럽지 못할 때도 루틴을 유지하며 조금이라도 글을 쓸 때까지 스마트폰 따위는 신경 쓰지 않는다. 그들은 오직 플롯에 괜찮은 요소를 추가할 때만 만족감을 느낀다.

훌륭한 스토리를 썼을 때 느끼는 즐거움은 멋진 삶을 살 때의 희열과 같다. 좋은 이야기는 하루아침에 짠! 하고 나타나는 게 아니다. 매일 노력하고 그 노력을 즐길 줄 알아야 한다. 영감이 이끄는 데에는 한계가 있다. 만약 당신이 특별한 영감 없이 습관적으로 일하는 사람을 데려온다면, 나는 그가 성공할 운명이라고 말해줄 것이다.

라이프 플랜을 세우고 매일 아침 점검하자. 아침 루틴이 스토리에 견인력을 유지하도록 만들어 삶의 깊은 의미를 경험할 수 있을 것이다. 물론 전화벨이 울리면 흘긋 쳐다보게 되기 마련이다. 그래도 아침 루틴 지키기를 잊지 않는다면 언제든 다시 삶에 집중할 수 있다. 루틴을 유지하기만 한다면 한 번쯤 어긋나도 괜찮다.

하지만 아침 루틴만으로는 부족하다. 당신의 생각과 진행 과정을 정리해줄 플래너가 필요하다. 라이프 플랜의 네 번째 과제는 데일리 플래너 작성하기다. 데일리 플래너는 매일 작성해도 좋고 집중이 필요한 날 작성해도 좋다.

우선 데일리 플래너 양식을 살펴보자.

데일리 플래너

날짜 _____

| ☐ 추도사 읽기 | ☐ 비전 워크시트 점검하기 | ☐ 목표 점검하기 |

주요 과제 1

_____
_____
_____
_____
_____

오늘을 다시 살 수 있다면 무엇을 바꾸고 싶은가?

- _____
- _____
- _____

주요 과제 2

_____
_____
_____
_____

오늘 감사한 일은 무엇인가?

- _____
- _____
- _____
- _____

일정

- _____
- _____
- _____
- _____
- _____

부차적 과제

☐ _____ ☐ _____
☐ _____ ☐ _____
☐ _____ ☐ _____
☐ _____ ☐ _____

15년 전 나는 열심히 살아야겠다는 생각에 데일리 플래너를 만들었다. 삶에 필요한 팁과 전략을 플래너에 담고 싶었다. 지난 15년간 나는 몇 권의 책을 썼고, 결혼에 골인했다. 꿈에 그리던 집을 지었고 회사를 차리고 여러 일을 시작했다. 지난 15년은 책 도입부에 언급한 삶과는 정반대였다. 플래너를 작성하기 전 나는 어떻게 살아야 할지 도무지 갈피를 잡지 못했다. 플래너를 작성하면서야 비로소 무엇을 해야 할지 알게 되었다. 그 결과 짧은 시간에 많은 일을 이룰 수 있었다.

버거울 때도 있었지만, 사실 그런 경우는 드물었다. 플래너를 작성하면 곁가지를 쳐내고 중요한 일에 집중할 수 있었다. 솔직히 꿈을 이루기 위해 사력을 다할 필요는 없다. 필요한 것만 하고 쓸데없는 일은 하지 않으면 된다. 핵심은 매일 꾸준히 조금씩 하는 데 있다. 히어로는 매일 아침 자신의 스토리 플롯에 조금씩 뭔가를 추가한다. 하지만 패배자는 운명이 자신을 구해줄 때를 기다린다.

나는 수천 명의 사람과 플래너를 공유했다. 그리고 그들의 반응에 용기를 얻었다. 플래너는 특히 창의적인 일을 하는 이들에게 유용한 것으로 나타났다. 이 밖에도 할 일이 너무 많아 집중이 어렵거나 무엇을 먼저 해야 할지 모르는 사람에게 쓸모가 있을 것이다.

플래너의 핵심은 아침 루틴 실행을 돕는 데 있다. 플래너는 쓸데없는 일에 신경 쓰지 않고 스토리 플롯을 이끌어가게 한다. 따라서 큰 도움이 될 것이다. 매일 작성할 필요는 없지만, 아침 루틴을 실행하는 날이 늘어날수록 무엇을 어떻게 해야 할지 몰라 안개 속에서 헤매는 날이 줄어들 것이다.

데일리 플래너의 여덟 가지 항목을 살펴보자.

추도사 읽기

추도사는 스토리를 이끌고 중요한 결정을 내릴 때 필터 역할을 한다. 추도사를 읽으면 실존적 공허를 피하고 삶의 스토리 전개에 흥미를 느끼고 적극적인 태도로 임하게 된다.

비전 워크시트 점검하기

비전 워크시트 점검하기는 삶의 목표를 되새기고 더 나은 결정을 내리도록 일종의 필터 역할을 한다. 큰일을 이루려면 목표에 집중하고 매일 스토리 플롯에 작은 무언가를 추가해야 한다는 점을 명심하자. 작가가 스토리 플롯을 놓치면 이야기가 산으로 가고 독자는 길을 잃는다. 매일 라이프 플랜을 읽는다면 스토리의 플롯을 놓치지 않을 것이다.

목표 점검하기

목표를 점검하면 주요 과제를 점검하게 되고, 무엇을 먼저 하고 무엇을 나중에 할지 알게 된다. 목표를 세 가지로 제한하면 더 빠르게 점검할 수 있다.

지혜롭게 살기

오늘을 다시 살 수 있다면
무엇을 바꾸고 싶은가?

- _____
- _____
- _____

추도사 쓰기가 삶의 방향을 정하는 데 도움이 된다는 것을 이해했다면, 다음과 같이 생각해보자. 추도사를 쓸 때와 같은 통찰력으로 하루를 돌아본다면 얼마나 큰 도움이 될까? 이 질문이 후회를 줄이고 지혜롭게 살도록 이끈다. 이 네 번째 항목은 후회를 덜고 지혜롭게 살도록 이끈다.

'오늘을 다시 살 수 있다면 무엇을 바꾸고 싶은가?'라는 질문은 빅터 프랭클이 환자들에게 한 "첫 번째는 망했다고 생각하고 두 번째 산다고 생각하고 살아라"라는 말을 바탕으로 만들었다. 언뜻 무슨 뜻인지 이해가 안 갈 수도 있지만, 곰곰이 생각해보면 자신의 내적 지혜를 끄집어내는 데 매우 탁월한 질문이다. 매일 아침, 오늘을 한 번 더 산다고 생각하고 처음 살았을 때 저지른 실수를 돌아본다면 그동안 낭비했던 시간, 소홀했던 관계, 재정적 실수를 분명히 알게 될 것이다.

나는 아침마다 이 질문을 던지며 하루를 빠르게 돌려본다. 그러면 벳시와 더 많은 시간을 보내야겠다고, 또 지금 쓰고 있는 글에 두세 시간 정도 더 할애해야겠다고 생각이 든다. 꽃집에 들러 벳시에게 줄 꽃을 사고 감사 카드를 쓰고 운동을 해야겠다고도 생각한다.

패배자는 자신이 처한 환경에 굴복한 사람임을 잊지 말자. 운명이 삶을 지배하도록 내버려 두고 자기 능력을 외부 힘에 통제당한 사람이다. 반면 히어로 에너지를 발산하면 행동을 다스릴 수 있고 후회 없는 삶을 살 수 있다.

매일 아침 잠시 시간을 내어 나에게 행위 주체성이 있다는 사실을 되새기지 않으면 삶의 스토리는 자동 조종 장치에 따라 움직이고 순식간에 운명에 휩쓸리게 된다. 그러나 매일 더 나은 결정을 내린다면 더 나은 삶을 살게 될 것이다. 그것도 빠르게. 데일리 플래너는 매일 당신에게 "오늘을 다시 살 수 있다면 이번엔 무엇을 바꿀 것인가?"를 묻는다.

주요 과제 정하기

주요 과제 1
_____
_____
_____
_____
_____

주요 과제 2
_____
_____
_____
_____
_____

플래너를 적으려면 일의 우선순위를 정해야 한다. 플래너의 가장 유용한 기능 가운데 하나는 주요 과제와 부차적 과제를 구분하여 적는 것이다. 주요 과제란 삶에 있어 크고 중요한 과제를 말한다. 10년, 5년, 1년 목표를 다시 한번 살펴본다면 무엇이 주요 과제인지 분명해질 것이다. 내 주요 과제는 언제나 책 집필과 비즈니스 코칭을 위한 콘텐츠 개발이다. 나는 추도사에 성공적인 비즈니스 코칭 회사를 세웠다고 썼다. 따라서 비즈니스 리더에게 유용한 프레임워크를 만들고 콘텐츠 개발에 총력을 기울여야 한다.

이제 빈칸에 내가 이루어야 할 가장 중요한 과제를 쓰고 이어서 2차, 3차 과제를 쓴다. 이렇게 쓰고 나면 하루를 어떻게 살아야 할지 분명해진다. 그날 할 일을 다 하지 못하더라도 주요 과제를 어느 정도 수행하고 나면 스토리에 진전이 생긴다. 플롯에 이야깃거리를, 그것도 제대로 된 요소를 얹은 것이다.

주요 과제로 세 가지를 적어야 하지만, 하루에 세 가지를 다 한다고 말하면 거짓말이다. 나 역시 세 번째 과제는 거의 하지 못한다. 사실 두 번째도 못 하는 경우가 허다하다. 하지만 그건 중요치 않다. 핵심은 집중이다. 몇 시간에 걸쳐 주요 과제 중 하나를 수행한다면 나는 추도사에 적은 삶을 향해 크게 한 걸음 내디딘 것이다.

주요 과제를 정하고 매일 조금씩 일한 이후로 나는 생산성이 두 배로 늘어났다. 원래는 책 한 권을 쓰는 데 거의 2년이 걸렸는데, 지금은 8개월에서 10개월이면 된다. 책 집필은 코칭 자료 개발보다 우선순위가 높으므로 가장 집중한다.

여기에 아기 돌보기가 추가되면 주요 과제 정하기가 훨씬 더 중요해진다. 아이가 태어난 후로 우리 집은 행복한 난장판이 되었지만, 무엇을 해야 하고 무엇을 포기해야 하는지 알고 있으니 생산성을 유지할 수 있다.

주요 과제를 정하고 매일 조금씩 하다 보면 일에 진전이 생긴다. 하루로 따지면 한 게 별로 없는 것 같겠지만 한 달, 혹은 1년이 마무리될 즈음이면 아마 깜짝 놀랄 것이다.

감사하는 마음 갖기

오늘 감사한 일은 무엇인가?

- _____
- _____
- _____
- _____

매일 아침 감사한 것들을 적으면 하루를 흔들리지 않고 살 수 있다. 패배자는 감사한 마음을 갖지 않는다. 그도 그럴 것이, 계속해서 학대받고 고통받고 휘둘리고 통제당하기 때문이다. 그들은 자기 인생은 원래 이렇다며 무기력에 빠지고 운명을 비난한다.

빌런 역시 감사한 마음을 갖지 않는다. 영화 속 빌런은 친구에게, 물 한 모금에, 기분 좋은 하루에 감사해하지 않는다. 감사하는 마음은 나와 상대방을 연결하고, 친절에 답하도록 하며, 세상에 빚을 졌다고 생각하게 만든다. 하지만 빌런은 아름다움을 찾으려 하지 않고 세상을 그저 권력 싸움의 장으로 본다. 세상이 그들에게 빚을 졌다고 생각하지, 그들이 빚을 졌다고 생각하지 않는다.

우리에게는 감사할 일이 수없이 많다. 감사하는 마음을 갖는 것만큼 패배자 마인드와 빌런 마인드를 물리치는 데 강력한 것은 없다. 어젯밤 패배자 심리가 내 안에 슬쩍 자리를 잡았다. 그래서 감사하는 마음을 이용해 삶에 대한 생각을 재정비했다.

나는 단 음식을 먹지 않기로 해놓고 아이스크림을 두 개나 먹어버렸다. 단 음식은 왜 이리 참기가 힘들까? 설탕을 섭취하지 않겠다고 다짐해놓곤 왜 이리 어리석을까? 달고 차가운 아이스크림을 많이 먹었으니, 그 여파가 있을 것이다. 내일 아침 써야 할 중요한 글이 있는데 왜 이런 바보 같은 짓을 한 걸까? 나는 왜 다짐을 지키지 못하지? 생각이 꼬리에 꼬리를 물고 이어져 나는 패배자고 내 삶은 엉망이라는 마음이 들었다.

나는 슬럼프가 올 때 좋은 생각을 하며 극복한다. '아이스크림은 끝내주게 맛있었다. 이제 포근한 침대로 기어들어 갈 것이다. 내일 아침 수영을 하면 칼로리를 소모할 수 있을 것이다. 그리고 일찍 일어나서 글을 쓰면 된다. 내 인생은 아직 괜찮다. 아니, 끝내준다. 또 오늘은 실패했지만 대부분은 아이스크림의 유혹을 잘 뿌리치곤 하니 참으로 감사하다.'

패배자 마인드가 순식간에 사라졌다.

패배자와 빌런은 감사할 줄을 모른다. 따라서 감사하는 마음을 가지면 패배자와 빌런 마인드에서 벗어나 히어로가 되어 자신의 스토리를 결정하며 깊은 의미를 경험할 수 있다. 당신은 오늘 데일리 플래너에 무엇이 감사하다고 적을 것인가?

감사하는 마음은 우리 안에 존재하는 빌런과 패배자를 물리치는 것 말고도 더 큰 장점이 있다. 바로 일을 미루지 않게 된다는 것이다. 미루기 일쑤인 사람들은 하루가 온통 하기 싫은 일투성이라서 사는 게 재미없다고 생각한다. 이런 재미없는 날을 참고 견딜 사람은 아무도 없을 거라고 믿는다.

좋았던 일, 즐거웠던 일을 떠올리며 어떤 점이 감사한지를 생각하면 저절로 하루를 잘 살았다는 생각이 든다. 산책하고, 아이스크림을 먹고, 친구와 저녁 식사를 함께하는 사소한 일상의 모든 것이 감사한 일임을 잊지 말자. 지금 일하고 있다는 것도 감사한 일이다.

삶이 준 모든 것에 감사할 때 뭔가를 빚진 기분이 든다. 그래서 더 많이 노력하게 된다. 감사하는 마음이 스토리의 방해물을 제거한다.

하루 일정 확인하기

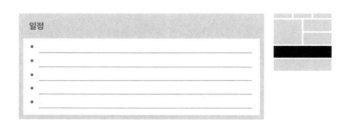

나는 구글 캘린더에 있는 일정을 데일리 플래너로 옮긴다. 일정을 데일리 플래너로 옮겨 쓰면서, 혹은 타이핑을 하면서 하루 일정을 확인한다. 일정을 옮겨 적다 보면 누구를, 언제, 왜 만나야 하는지 생각하게 된다. 다음 할 일만 보는 게 아니라 전체 일정을 보며 분명한 목표 의식을 가지고 하루를 시작할 수 있다.

부차적 과제 관리하기

부차적 과제

☐ —————————— ☐ ——————————
☐ —————————— ☐ ——————————
☐ —————————— ☐ ——————————
☐ —————————— ☐ ——————————

히어로에게는 일의 우선순위가 있다. 앞서 우리는 주요 과제를 적으며 우선순위를 정했다. 여기서 주목할 점은 중요한 것을 결정하다 보면 중요하지 않은 것 역시 알게 된다는 것이다. 히어로는 폭탄을 해체하러 가는 중에 세탁물을 가지러 세탁소에 들르지 않는다. 부차적 과제와 주요 과제를 혼동해선 안 된다. 폭탄만 해체할 수 있다면 구겨진 옷을 입어도 상관이 없다.

슬프게도 우리의 뇌는 종종 주요 과제와 부차적 과제를 구분하지 못한다. 우리 부부는 10개월 전에 구스힐로 이사 왔다. 집은 대충 정리했지만 창고는 아직 엉망이다. 공구는 반밖에 치우지 못했고 아직 선반도 없고 수납공간도 없다. 열어보지도 못한 상자들이 바닥에 가득하다. 뭐가 어떤 상자에 들어 있는지 도통 알 수가 없다. 만약 당신이 이곳을 방문한다면 "창고를 보면 그 사람을 알 수 있다고 해요. 정리되지 않은 창고는 정리되지 않은 삶을 말하지요"라고 말할지도 모른다.

사실 내 경우는 그 반대라고 할 수 있다. 창고 정리가 몇 달 동안 부차적 과제 목록에 있었지만 나는 손가락 하나 까딱하지 않았고, 전혀 개의치 않았다. 왜 그랬을까? 나는 열 달 동안 책을 쓰고 있었고 사업을 성장시키는 방법을 다룬 비디오를 촬영했다. 게다가 에멀린이 태어나 아이를 돌보고 사진을 찍어 성장 과정을 기록하느라 바빴다. 모두 매우 중요한 일이다. 사실 추도사에 부차적 과제를 언급하는 사람은 없다. 나의 경우, 깨끗한 차고가 추도사의 주요 내용이 아니었다.

부차적 과제를 적어놓으면 내일, 혹은 다음 날 해야겠다고 생각하게 된다. 적어 놓지 않으면 계속 신경 써야 하고 지금 하지 않으면 안 될 것 같은 기분이 든다. 부차적 과제를 별도로 정해놓으면 지금 당장은 하지 않지만 잊지는 않을 것이다. 일일 계획을 세울 때, 할 일을 주요 과제와 부차적 과제로 나누자. 그러면 지금 꼭 해야 할 일과 나중에 해도 되는 일을 구분할 수 있다.

데일리 플래너를 작성하다 보면 아침 루틴이 생긴다. 우리는 생산성을 맹목적으로 추구하는 경향이 있다. 그러다 보면 자신만의 플롯을 잃고 의미를 경험하지 못한다. 데일리 플래너는 생산력 향상을 위한 목적으로 만들어진 것은 아니지만, 생산력을 높이는 데도 도움이 된다. 무엇보다 데일리 플래너를 작성하면 플롯을 기억하고 흥미를 잃지 않으며 스토리에 더 집중할 수 있다. 또 매일매일 플롯에 작은 무언가를 더할 수 있다. 삶에 견인력이 생기고 깊은 의미를 경험할 수 있다. 플래너 작성을 아침 루틴으로 삼고 커피 한 잔을 곁들여 즐겁게 공란을 채워보자. 삶과 일, 그리고 당신을 둘러싼 모든 것에 더 큰 행복을 느끼게 될 것이다.

새로운 진리와 인생의 위대한 목적은
지식이 아니라 행동이다.

_토머스 헨리 헉슬리

시련은 언제나
부스터 역할을 한다

우리 부부는 구스힐을 구입하고 970그루의 나무를 심었다. 구스힐은 참나무, 물푸레나무, 단풍나무, 삼나무, 팽나무로 무성해졌다. 최근 안타깝게도 물푸레나무가 시들어가고 있다. 테네시 지역의 모든 물푸레나무는 지역에 퍼진 딱정벌레 외래종 때문에 10년 안에 멸종될 것이라 한다. 게다가 특정 종류의 인동덩굴이 빠른 속도로 숲 바닥을 뒤덮으며 물을 흡수해버려 마을 숲도 죽어가고 있었다. 이 인동덩굴은 꽃을 피워 달콤한 향기를 풍기기는커녕 지나가는 족족 나무들을 죽였다.

인동덩굴을 제거하는 데 3년이 걸렸다. 밑동을 자르고 그 자리에 30분 내로 약을 쳐야 한다. 이렇게 3년을 해야 인동덩굴을 제거할 수 있다. 3년을 노력해 겨우 숲을 지켰다. 그리고 물푸레나무를 지키고 싶어서 매해 전문가를 불러 관리를 부탁했다. 가능한 모든 인동덩굴을 제거했다. 쓸모없는 나무는 빠르게 자랄뿐더러 속이 비어 있는 탓에 키가 자라면 넘어져 다른 나무나 집을 덮치기 일쑤다. 사람도 운 나쁘게 잘못 서 있다간 큰일 난다.

우리는 공사 중에 제거된 나무 자리에 100그루가 넘는 토종 나무를 심고, 수목 전문가팀의 도움을 얻어 관리하고 있다. 전문가팀 중 피터

테브노라는 사람이 있는데, 수목 재배를 독학으로 공부한 수형 전문가다. 피터는 30년 전에 사업을 접고 나무와 관목을 일정 패턴으로 자라게 하는 법을 배웠다. 그는 배나무를 일렬로 나란히 자라게 만들어 마치 담장이나 포도밭처럼 보이게 할 수 있다. 우리는 그의 도움을 받아 벳시의 정원 주변에 배나무 담장을 만들 계획이다.

수형 재배된 나무는 가지치기와 관리를 잘하면 100년도 더 산다. 정성 들여 꼼꼼하게 가지치기를 하면 가지마다 양분이 골고루 전달되어 열매도 잘 열린다. 우리는 이제 구스힐에서 과일을 맛볼 수 있을 것이다.

피터는 여든 살이다. 테네시주 특유의 겸손한 억양과 루이지애나지역의 억센 말투가 섞인 거친 남부 사투리를 구사한다. 콧수염이 있고 카우보이모자를 쓰고 다녀서 얼핏 보면 리처드 페티미국의 유명한 카레이싱 드라이버—옮긴이처럼 보인다. 그는 파이프 담배를 태우고 더운 날씨에도 긴소매 옷을 입는다. 말이 느리고 마치 모든 걸 꿰뚫어 보는 듯한 눈빛을 지니고 있으며 땅만 봐도 나무가 어디에서 잘 자라고 어디에서 죽을지 안다.

피터는 자신이 하는 일을 나무껍질과 나뭇잎으로 그림을 그리는 것이라고 말한다. 그는 나무 한 그루를 판매용으로 만드는 데는 4년이 걸린다고 한다. 나는 피터를 보며 지혜란 빨리 자라지 않는다는 것을 깨달았다. 지혜란 오직 경험과 실패, 시행착오로부터 자라는 법이다.

며칠 전 정원을 산책하다가 문득, 정원에 심은 것이 나무가 아니라 피터의 유산이라는 생각이 들었다. 당신이 피터 같은 지식을 가진 이를 만난다면 그와 같은 사람이 되고 싶을 것이다.

우리 부부에게는 피터 말고도 또 다른 조력자가 있다. 에멀린의 양육을 도와주는 미셸 로이드다. 그는 에멀린이 집에 도착한 날부터 우리를 위해 일했다. 미셸은 활기가 가득한 뉴질랜드 악센트로 아기에 대한 모든 것을 알려준다. 에멀린이 입술이나 손가락을 쪽쪽 빨아댈 때는 배가 고픈 거라고 일러주고, 다리를 들어 올리면 방귀를 뀌는 중이라고 말해준다. 미셸은 30년이 넘는 세월 동안 50명이 넘는 아기와 산모들이 안정을 얻을 수 있도록 돌봐왔다. 미셸이 없었다면 우리 부부가 어떻게 에멀린을 돌볼지 생각만 해도 아찔하다. 벳시는 그에게 거의 매일 연락하다시피 한다.

누구에게나 전문가가 필요하다. 우리를 실수로부터 구해줄 지식을 갖춘 사람이 필요하다. 어떤 면에서 보면 이 책은 기만적이라고 할 수 있다. 당신에게 히어로가 되어 행동하라고 말하지만, 사실 히어로는 가장 훌륭한 캐릭터가 아니다. 모두가 열광하는 캐릭터는 바로 조력자다.

조력자가 되는 것을 삶의 목표로 삼아야 하는데 왜 이리 많은 시간을 들여가며 히어로로 살기 위해 애써야 할까? 그 이유는 히어로가 되지 않으면 조력자 또한 될 수 없기 때문이다. 우리 주변에는 수많은 분야에서 성공을 거둔 수백 명의 사람이 있다. 가난하지만 행복한 사람(나는 이들이야말로 진정으로 성공한 사람이라고 생각한다), 스포츠, 사랑, 정치, 과학, 사업에 성공한 사람도 만난다. 이들의 행동을 마냥 따라 하기에는 공통점을 찾기가 쉽지 않다. 어떤 사람은 조용하고 어떤 사람은 카리스마가 넘친다. 그러나 그들이 공통으로 가진 한 가지 특징이 있다. 그것은 바로 역량이다. 여기서 말하는 역량은 노련함을 뜻한다.

그들은 인생의 시련을 겪으며 지혜와 현명함, 그리고 능력을 얻었다. 우리는 그들을 강인한 사람이라고 부른다. 권총을 차고 천천히 걸으며 한쪽 입꼬리를 실룩대며 말하는 마초 스타일을 말하는 게 아니다. 나는 서부극 속 클린트 이스트우드보다 스티븐 호킹이 더 강인하다고 생각한다.

내가 말하는 강인함은 어려운 상황을 성공적으로 헤쳐나가는 능력이다. 난관에 부딪혀 쓰러지지 않고 헤쳐나가려면 경험이 있어야 한다. 히어로는 시련과 실패를 겪으며 깨달음을 얻기 때문에 조력자로 거듭난다. 한 분야의 전문가가 될 수 있었던 이유는 불길을 헤치고 나왔기 때문이다.

나심 니컬러스 탈레브는 이들을 '안티프래질Antifragile'이라고 부른다. 탈레브는 같은 제목의 저서에서 지나치게 구조화되고 몸을 사리게 만드는 시스템 때문에 사람들이 되려 약해질 위험에 처했다고 말한다. 다시 말해 부딪히고 깨져봐야 강인해지고 성장하고 발전할 수 있다.

히어로로 산다고 해서 늘 기쁘고 여유로운 건 아니다. 영화를 멈추고 히어로가 폭탄을 해체하지 않아도 되고, 사랑하는 사람을 잃지 않아도 되는 상황이었다면 어땠을지 생각해보자. 당연히 애초에 그런 일을 겪지 않는 게 나았을 거라고 대답할 것이다. 산다는 것은 어려운 일이다. 내 마음대로 할 수가 없다. 바람을 이용할 순 있어도 마음대로 통제할 순 없다. 순풍이 불면 배가 빠르게 움직이고, 역풍이 불면 배가 느리게 움직인다. 하지만 순풍이 불든 역풍이 불든 항해는 계속된다.

빅터 프랭클 역시 인생이 순풍에 돛단 듯 흘러갈 거라고 생각하지 않는다. 그러나 순풍이든 역풍이든 의미를 경험할 수 있다고 확신한다. 삶이 준 시련에 맞설 때 정신적, 육체적 역량이 생긴다. 패배자는 시련에 맞서지 못한다. 빌런은 시련을 일으킨다. 히어로는 시련 속으로 걸어 들어가 앞으로 헤치고 나간다. 그리고 그 과정을 통해 변모한다. 조력자는 알고 있는 모든 극복 방법을 히어로에게 전한다. 용기 있는 삶을 살아온 조력자는 우리에게 용감해지는 법을 가르친다.

히어로가 되어 미션을 수행하면 수행할수록 더 빨리 조력자로 변모할 수 있다. 그래서 우리가 히어로가 되고자 하는 것이다. 스스로 조력자 캐릭터라고 생각할지도 모른다. 물론 누구에게나, 심지어 어린이들에게도 조력자 에너지가 있다. 우리는 언제나 누군가의 승리를 도울 수 있다. 하지만 진정한 조력자가 되려면 먼저 히어로가 되어 두려움을 극복하고 실패와 좌절을 통해 배워야 한다.

히말라야에 가본 적 없는 가이드가 에베레스트산 등반을 인솔한다면 그를 따르지 않는 게 좋다. 역량 있는 사람은 삶의 방향을 운명에 맡기기보다 스스로 결정한다. 해야 할 일과 하지 말아야 할 일을 구분할 줄 안다. 용서할 줄 안다. 연민에 빠져 지내기보다 모든 일에 감사한다. 감사하며 살아간다는 것은 마음을 다스릴 수 있을 때 가능한 일이다.

역량 있는 사람은 어려운 상황에 굴복하지 않고 부딪히며 성장한다. 히어로가 되어 더 많이 경험할수록 더 많이 배우고 더 많은 유산을 물려줄 수 있다.

진정한 주인공, 조력자

—

삶의 스토리를 보면 좋은 조력자인지 아닌지 알 수 있다. 다음은 조력자가 되는 데 가장 중요한 네 가지 자질이다.

1. 경험이 많다

스토리에 등장하는 조력자는 종종 나이가 많다. 작가와 관객이 조력자는 경험이 풍부해야 한다고 생각하기 때문이다. 흰 수염을 휘날리는 간달프, 지팡이를 짚고 절뚝거리며 걷는 요다의 모습을 생각해보자.

경험은 살아온 스토리를 뜻한다. 우리가 존경하는 이들은 우리가 마주하고 있는 일을 이미 겪었고 이겨냈다. 조력자는 자신이 어떻게 시련을 극복했는지 그 방법을 히어로에게 전수한다. 그렇게 지혜가 전승된다. 예를 들어, 헤이미치는 캣니스가 자신을 제물로 바치기 훨씬 전에 헝거 게임에서 승리했다. 그는 그때의 경험 덕분에 캣니스의 승리를 도울 수 있었다.

히어로가 자신을 조력자와 동등하게 존경받을 만한 존재로 여기면 관객은 못마땅해한다. 존경은 마음 깊은 곳에서 우러나는 것이지 강제로 요구되는 게 아니기 때문이다. 과정 없이 지혜를 얻을 순 없다. 조력자가 되기 위해 서두를 필요는 없다. 그저 히어로가 되어 미션을 수행하면 된다.

2. 지혜가 풍부하다

지혜는 경험에서 온다. 지혜의 가장 주요한 원천은 실패다. 흥미롭게도 이야기 속 히어로는 종종 무능하다. 갈피를 못 잡고 두려워하고 방황한다. 히어로가 가까스로 도전과 시련을 이겨내고 살아남아야 더 흥미로운 스토리가 된다.

작가는 히어로가 아슬아슬하게 실패를 거듭하며 때로는 발전하고 때로는 좌절하는 장면을 집어넣는다. 왜 그럴까? 긴장감을 살리기 위해서이기도 하지만 히어로가 동등한 위치에서 빌런을 물리치려면 힘을 얻어야 하기 때문이다. 히어로는 강인하고 현명해야 한다. 그리고 힘과 지혜를 얻으려면 반드시 시행착오를 거듭해야 한다.

패배자 마인드는 실패로부터 배우기보다 실패에 굴복하는 게 낫다고 우리를 유혹한다. 하지만 히어로는 실패를 통해 배우고 성장해 마침내 조력자가 된다.

3. 공감 능력이 뛰어나다

빌런과 조력자는 강하다. 사실 마지막 장면이 될 때까지 빌런이야말로 가장 강한 캐릭터다. 그래서 사람들이 빌런에게 매력을 느끼는 것이다. 무솔리니와 히틀러가 그 대표적인 예다. 강하고 센 빌런을 만나면 조력자로 착각하기 쉽다.

하지만 빌런과 조력자가 가진 힘은 다르다. 조력자는 이타적이다. 과거에 영광을 경험했기에 이제는 다른 사람들이 영광을 누릴 수 있도록 돕는다. 전쟁을 경험한 조력자는 세상에 빛이 나타나 어둠을 물리쳐주기를 바란다. 조력자에게 세상은 자신과 자신의 스토리보다 더 크고 중요한 존재다. 빌런은 함께 우월감과 통제력, 권력을 얻어보자고 제안하지만, 조력자는 함께 정의를 수호하고 약자를 보호하며 기회균등을 꾀하자고 한다.

미셸은 벳시에게 최고의 조력자다. 그는 아기를 먹이고 달래는 법을 상냥하고 친절하게 가르쳐준다. 벳시가 잘 해내면 두 팔을 주먹 쥐고 들어 올리며 기쁨의 환호를 부른다. 에멀린이 젖병을 잘 물면 칭찬의 의미로 춤을 춰주고 에멀린이 응가를 하면 잘했다고 기뻐한다.

조력자는 경험이 부족하고 걱정하는 히어로에게 빛을 가져다준다. 그들은 지혜 그 이상을 전하고 연민과 공감을 표현한다. 조력자는 패배를 겪고 다시 일어났다. 그들은 무력감에 사로잡히는 것이 어떤지 안다. 오해를 받아봤기 때문에 이해하려고 노력한다. 버림을 받아봤기 때문에 지키려고 한다.

나는 '고통을 나눈다'라는 문장이야말로 공감을 가장 잘 표현한 말이라고 생각한다. 조력자는 히어로가 더 멀리, 더 빨리 나아갈 수 있도록 짐을 나눠서 진다.

4. 희생한다

하지만 공감만으로는 히어로의 정체성을 단단히 만들어 조력자로 거듭나게 하기에 충분치 않다. 희생이 필요하다. 이야기 속 조력자는 주인공을 위해 지혜를 나누고 시간과 돈, 심지어 자기 삶까지 포기한다. 지혜를 나누고 시간과 돈을 포기한다고 해서 자신에게 영광이 돌아오는 게 아니란 걸 알지만, 그래도 희생한다. 히어로의 영광과 빛의 승리를 위해 수고를 아끼지 않는다.

종종 조력자는 히어로를 위해 숭고한 희생을 한다. 그만큼 세상에 빛을 가져오는 일이 조력자에게 중요하기 때문이다. 조력자는 자신만을 위해 살지 않는다. 그들은 빛이 어둠을 물리칠 수 있도록 자신을 기꺼이 바친다.

〈로미오와 줄리엣〉속 한 장면은 조력자가 히어로에게 지혜를 전하는 고전적인 모습이다. 우리는 조력자가 히어로를 위해 숭고한 희생을 치르는 광경에 고개를 끄덕인다. 로미오가 줄리엣의 창문 아래 서 있다. 줄리엣의 머리 위로 두 개의 별이 반짝이고 둘은 이야기를 나눈다. 줄리엣은 두 개의 별과 삼위일체를 이룬다. 로미오는 줄리엣을 하늘에서 내려온 날개 달린 전령으로 묘사한다. 줄리엣은 강인하고 역량 있는 조력자고 로미오는 히어로다. 셰익스피어는 겨우 열세 살인 줄리엣에게 신성하고 영원한 지혜를 주고 그런 줄리엣을 통해 로미오가 의지와 구원을 얻게 한다. 한 마디로 이 작품에서 줄리엣은 그리스도나 다름없다.

장면 후반부에 두 사람은 이름 때문에 헤어져야 한다고 말한다. 로미오는 "나를 다른 이름으로 불러주시오. 나는 더 이상 몬터규가 아니라오"라고 말하며 줄리엣에게 결정권을 넘긴다. 이것은 성서적 이미지다. 로미오는 줄리엣과 결혼하면 자신의 본성이 바뀔 거라고 믿는다. 줄리엣은 부모를 속이기 위해 약을 마시고 죽음과도 같은 깊은 잠에 빠진다. 그는 '죽었다'가 깨어난다. 하지만 그가 진짜 죽은 줄로 안 로미오는 그를 따라 죽음을 선택한다. 그리고 뒤늦게 이 사실을 안 줄리엣은 결국 로미오를 따라 스스로 목숨을 끊는다.

셰익스피어가 극 중에서 줄리엣을 그리스도에 비유한 것은 영국 내에서 권력 다툼을 벌이고 있는 가톨릭 신자들에게 개신교의 관계 지향 신학을 가르치려는 노력의 일환이라는 주장도 있다. 많은 고대 이야 기가 그렇듯 기독교 복음은 신성한 조력자에 대해 이야기한다. 조력자 는 죄의 사함을 받고자 고통스러운 여정을 이어가는 히어로를 위해 자 신을 희생한다. 기독교에 따르면, 예수는 죄지은 인간이 죄를 용서받 고 천국으로 가도록 돕는 조력자다. 조력자는 두려움에 고통받는 히어 로를 위해 기꺼이 희생한다. 그는 클라이맥스 장면에 이르러 히어로가 용서받을 수 있도록 자신을 희생한다.

셸 실버스타인이 어린이를 위해 쓴 아름다운 책 『아낌없이 주는 나 무』에 등장하는 나무 역시 조력자다. 나무는 히어로인 아이가 잘살 수 있도록 열매와 가지를 주고 마지막 남은 밑동까지 내어준다. E.B. 화이 트의 『샬럿의 거미줄』에 나오는 거미 샬럿은 친구인 돼지 윌버를 구하 기 위해 자신의 목숨을 희생한다. 조력자는 자신의 모든 것을 희생해 가며 히어로가 삶의 스토리를 쓰고 빛이 어둠을 물리치도록 돕는다.

아름다운 희생은 문학 작품에만 등장하는 게 아니다. 오늘 나는 카 페에서 글을 쓰고 있었다. 그런데 한 여성이 자기 머핀이 담긴 접시를 내던지면서까지 넘어질 뻔한 아이를 붙잡아주었다. 사실 약한 사람을 보호하고 그들을 위해 우리의 안전을 포기하는 것은 인간의 본성이다. 타인의 승리를 도우며 조력자 에너지를 밖으로 발산할 때 삶은 더 깊 은 의미를 가진다. 우리는 모두 조력자가 될 수 있다.

물론 시간이 걸린다. 우리 부부는 정원을 일구며 히어로는 천천히 자라야 한다고 생각하게 되었다. 나무에 관한 피터의 지식은 나무만큼 이나 천천히 자란다. 그는 우리가 에멀린에게 물려줄 유산을 우리에게 물려주고 있다.

히어로가 그동안의 노력을 생각하며 자신의 영광을 누리는 시간도 중요하지만, 그게 삶의 핵심은 아니다. 조력자가 되는 것, 이타주의를 베풀고 다른 사람에게 모범이 되는 것. 그것이 바로 삶의 핵심이다.

패배자 역할, 빌런 에너지를 줄여야 히어로가 되고 조력자가 될 수 있다. 마음에 목표를 품고 세상에 이로운 일을 하며, 살면서 맞닥뜨리는 도전과 시련을 헤쳐나가고 타인과 삶을 공유하는 것. 그것이야말로 바로 변화로 가는 길이다.

결국 조력자는 삶의 스토리를 쓰는 히어로인 셈이다.

하루 15분 정도의 알찬 활용이 삶의 명암을 갈라놓는다.

_새뮤얼 스마일스

스토리는 계속된다

오랜 친구 하나가 내게 자신의 이야기를 들려주었다. 그는 대학을 졸업하고 1년간 전 세계를 여행하기로 결심했다. 출발 하루 전 그의 멘토는 그에게 여행에서 돌아왔을 때 몰라봤으면 좋겠다고 말했다.

"도보로 이동할 거라서 몸이 아주 좋아질 것 같긴 해요." 친구가 말했다.

그러자 멘토는 이렇게 대답했다. "그런 말이 아니라 자네가 과거의 모습은 벗어버리고 더 나은 모습이 되기를 바란다는 말이네. 과거의 자네는 여기 남겨 두고 돈 관리하는 법, 좋은 친구 구분하는 법, 몸과 마음을 정비하고 휴식을 취하는 법, 자신을 믿는 법을 배워 오게나."

대화가 끝나고 친구는 그 모든 것을 다 익힐 수 있을지 걱정이 되었다. 하지만 유럽을 여행하면서 변화의 기회를 찾았다. 그는 좌절에 어떻게 대응했을까? 어떻게 진정한 친구를 알아보게 되었을까? 위험을 감수하고, 용기 있게 행동하고, 기억할 만한 1년을 보냈을까?

친구는 자신에게 끊임없이 물었다. "이 상황에서 최고의 나라면 어떻게 할까?" 그렇게 친구는 더 나은 사람이 되는 연습을 시작했다. 친구는 여행하는 1년 동안 그 어느 해보다 더 성장했다고 말했다.

변화는 매일, 매해 삶이 우리에게 건네는 도전이다. 건강한 식물이 성장하고 달라지듯 건강한 사람이 성장하고 변모한다. 태어나 죽는 날까지 우리는 변화를 멈추지 않는다. 삶의 모든 챕터마다 우리는 더 나은 내가 될 수 있다.

"나는 대단한 운동선수가 아니야." 혹은 "나는 부끄러움이 많아서 발표할 수 없어"라고 말한다면, 당신은 캐롤 드웩이 말한 '고정 마인드셋'에 빠진 것이다. 스탠퍼드대학의 교수인 캐롤 드웩은 고정 마인드셋은 적은 임금, 불편한 인간관계, 높은 수준의 불안과 관계가 있다고 주장한다. 그는 학생들에게 성장 마인드셋을 가르친다. 성장 마인드셋을 가진 사람은 스스로 삶에 큰 변화를 만들 수 있다고 믿는다. 예를 들어, "난 수학을 정말 못해"라고 말하기보다 "아직 제대로 공부하지 않아서 못 하는 거야"라고 말한다. 다시 말해 드웩은 정체성과 관련해 자신을 궁지에 몰아넣어서는 안 된다고 믿는다. 자신을 언제든 변할 수 있는 유동적인 존재라고 생각해야 한다.

하지만 변하려면 노력이 필요하다. 변하려면 행동해야 하고 비전을 실천하면서 마주하게 되는 갈등을 수용해야 한다.

우리의 스토리는 시작이 있고 중간이 있고 끝이 있다. 그리고 그 안에 교훈이 있다. 내 삶의 스토리는 나 한 사람에게만 영향을 미치는 게 아니다. 주변 사람들의 스토리와도 관련이 있다. 삶의 스토리는 무엇을 위해 살아야 할지, 무엇을 위해 희생해야 할지 가르친다.

25년 전 내 친구 브루스 딜은 치안이 나쁘기로 유명한 조지아주의 애틀랜타로 이주했다. 그의 가족은 수년간 교회에서 살았다. 브루스 론다 부부는 성 착취를 당한 젊은 여성, 갱단에 휘말린 젊은 남성, 치료가 필요한 노인, 더 이상 자기 삶을 어쩌지 못하는 중독자들을 도왔다. 그와 동시에 브루스네 가족은 끊임없이 위협에 시달렸다. 차도 여러 번 도난당했고 노숙자가 예배당 지하에 숨어 살기도 했고 심지어 총부림이나 칼싸움을 벌이기도 했다.

나는 브루스에게 집에 아내와 아이들이 있는데 어떻게 목숨을 걸수 있었는지 물었다. 그는 용기라는 유산을 아이들에게 남겨줄 수 있기 때문에 가능했다고 말했다. 만약 죽는다고 해도 이웃을 사랑하고 도우려고 했던 용감한 사람으로 남을 것이기 때문이라고 했다. 브루스와 론다는 아직도 그곳에 살고 있다. 그들 부부는 사회적으로 큰 성공을 거둔 '도시의 피난처City of Refuge'라는 복합 시설을 운영하고 있다. 시설 내에는 요리 학교, 코딩 아카데미, 진료소, 인신매매 피해자 소녀를 위한 보호시설이 있다. 또한 감옥에서 풀려난 죄수들이 의미 있는 일을 할 수 있도록 기술을 가르친다.

삶을 어떻게 살 것인가가 중요하다. 그리고 오늘도 시간은 흐른다.

몇 달 동안 이 책을 쓰면서 내 주변을 가만히 되돌아봤다. 루시는 이제 살날이 몇 주밖에 남지 않았다. 아침에 몸을 일으키는 데 족히 한 시간은 걸린다. 루시는 대형 레트리버의 평균 수명보다 2년가량을 더 살았다. 우리는 루시의 음식에 소염제를 넣고 약이 효과를 낼 때까지 옆에 앉아 머리를 쓰다듬어준다. 루시는 내가 옆에 있는 것만으로도 위로받는다. 그래서 나는 루시 옆에 있어주기 위해 여행을 중단했다. 루시는 우리 부부가 아기방을 드나드는 모습을 지켜본다. 그리고 아기 우는 소리가 들릴 때마다 새로운 가족의 냄새를 맡으려는 듯 코를 벌름거린다. 루시의 이야기가 끝나가고 있다.

동시에 행복한 이야기가 시작되고 있다. 에멀린은 하루가 다르게 자란다. 이 책을 쓰는 지금도 에멀린이 나를 보고 웃고 있다. 에멀린은 주위를 둘러보고 사람을 알아보고는 그들이 다가와 인사를 건넬 때까지 온몸을 꼼지락거린다. 몇 달 후면 기어 다닐 테고 또 얼마 후면 구스힐의 산책로를 따라 걸어 다닐 것이다. 에멀린은 히어로로 자연스럽게 변해갈 것이다.

삶의 고통도, 기쁨도 아름답다. 구스힐 마당 한 편에 참나무 한 그루가 있다. 그리고 그 나무에는 우리 부부의 이름이 적힌 하트가 걸려 있다. 우리는 루시가 이 세상을 떠나면 그 나무 아래에 묻어줄 생각이다.

인생은 길다. 그러니 패배자 마인드를 던져버리자. 이는 어깨 위를 무겁게 짓누르고 있던 돌덩이 자루를 던져버리는 것과 같다. 무거운 짐을 던져버리면 더 빠르게 움직일 수 있다.

몇 년 전 나는 수백만 달러 규모의 회사를 설립한 유명한 미국인 가정에 초대받았다. 내 책을 읽고 나를 가족 모임에 초대한 것이다. 그들은 종종 작가나 강사를 가족 모임에 초대해 여러 세대가 어우러져 함께 대화를 나누곤 했다. 집안이 부유해지고 재정을 관리하기 시작하면서 생길 수 있는 가족 내 불화를 막기 위한 전략이었다. 참으로 멋진 생각이었다. 그들은 매우 겸손했고 친절했다.

그들은 자신을 소개하면서 가족 1세대, 2세대로 불렀는데, 나는 그 점이 참 마음에 들었다. 모두 4세대가 참석했고 4세대 젊은 여성 하나가 막 태어날 5세대를 임신 중이었다. 나는 한부모 가정에서 자랐고 태어나기도 전에 할아버지가 돌아가셨기 때문에 다세대 가족, 특히 5세대로 이루어진 그들이 무척이나 새롭고 정감 깊었다.

가끔 구스힐을 걷다 보면 에멀린이 나이가 들어 삶을 마칠 즈음 자녀와 손주들을 데리고 이곳에 온다면 어떨까 궁금해진다. 에멀린이 1세대 이야기, 즉 엄마와 아빠가 이곳을 짓고 자신을 기르고 본받을 만한 사랑을 보여줬다고 자녀들에게 말할 수 있는 그런 삶을 살고 싶다. 그리고 1세대가 전 세계 예술가와 사상가, 정원사와 리더들을 초대해 얼마나 많이 사고하고 꿈꾸고 새로운 것을 만들었는지 이야기했으면 좋겠다. 우리가 에멀린을 위해 어떤 계획을 세웠는지, 그리고 그 덕분에 자신이 꿈을 이룬 사람들 사이에서 무한한 가능성을 품고 자랄 수 있었다는 걸 미래의 에멀린이 알고 있을지 궁금하다.

당신과 내가 좋은 유산을 받았는지 아닌지는 모르겠다. 하지만 우리는 모두 유산을 남기고 떠난다. 에멀린이 나를 어떻게 생각할지는 내가 결정할 수 없다. 그건 에멀린의 몫이다. 하지만 나는 에멀린에게 사랑과 안락을 주고 본보기가 될 수는 있다. 내 삶의 스토리로 긍정적인 영향을 줄 수 있다. 이는 운명이 결정할 일이 아니다. 오로지 내 몫이다.

우리가 의미 있는 삶을 살 때 다른 사람에게도 같은 영향을 미친다. 우리의 자손은 우리 삶의 스토리를 본받으며 살아갈 것이다. 우리에게 배운 것을 토대로 자신의 스토리에 다른 이야깃거리를 보태고 더 아름답게 만들어갈 것이다.

산다는 건 어렵다. 비극도 있고 어둠도 있다. 하지만 언제나 한쪽에 빛이 있다는 사실을 잊지 말자. 그 빛을 만드는 일에 참여해야 한다.

실존적 공허가 찾아오더라도, 삶에 희망이 있음을 잊지 말자.

우리는 언제든 의미를 만들 수 있다.

특별부록

'되는 사람'
인생 설계도

Hero on a Mission

나를 위한 추도사

추도사

라이프 플랜: 10년 비전

올해 당신의 삶을 영화로 만든다면 영화의 제목은?

나이

커리어

- _____
- _____
- _____

건강

- _____
- _____
- _____

가족

- _____
- _____
- _____

친구

- _____
- _____
- _____

내적 성장

- _____
- _____
- _____

- _____
- _____
- _____

매일 해야 할 두 가지

- _____
- _____

매일 하지 말아야 할 두 가지

- _____
- _____

현재 내 삶의 핵심 주제

- _____
- _____
- _____

- _____
- _____
- _____

라이프 플랜: 5년 비전

올해 당신의 삶을 영화로 만든다면 영화의 제목은?

_____

나이

_____

커리어

- _____
- _____
- _____

건강

- _____
- _____
- _____

가족

- _____
- _____
- _____

친구

- _____
- _____
- _____

내적 성장

- _____
- _____
- _____

- _____
- _____
- _____

매일 해야 할 두 가지

- _____
- _____

매일 하지 말아야 할 두 가지

- _____
- _____

현재 내 삶의 핵심 주제

- _____
- _____
- _____

- _____
- _____
- _____

라이프 플랜: 1년 비전

올해 당신의 삶을 영화로 만든다면 영화의 제목은?

_____

나이

_____

커리어

- _____
- _____
- _____

건강

- _____
- _____
- _____

가족

- _____
- _____
- _____

친구

- _____
- _____
- _____

내적 성장

- _____
- _____
- _____

- _____
- _____
- _____

매일 해야 할 두 가지

- _____
- _____

매일 하지 말아야 할 두 가지

- _____
- _____

현재 내 삶의 핵심 주제

- _____
- _____
- _____

- _____
- _____
- _____

목표 설정 워크시트

목표	

목표가 왜 중요한가?	데드라인

목표 달성 파트너

이정표 ❶ ❷ ❸

매일 희생해야 할 것

반복 횟수

목표	

목표가 왜 중요한가?	데드라인

목표 달성 파트너			

이정표	❶	❷	❸

매일 희생해야 할 것

반복 횟수

목표

목표가 왜 중요한가?

데드라인

목표 달성 파트너

이정표 ❶ ❷ ❸

매일 희생해야 할 것

반복 횟수

데일리 플래너

날짜

☐ 추도사 읽기　　☐ 비전 워크시트 점검하기　　☐ 목표 점검하기

주요 과제 1

_____
_____
_____
_____

오늘을 다시 살 수 있다면 무엇을 바꾸고 싶은가?

- _____
- _____
- _____

주요 과제 2

_____
_____
_____
_____

오늘 감사한 일은 무엇인가?

- _____
- _____
- _____
- _____

일정

- _____
- _____
- _____
- _____
- _____

부차적 과제

☐ _____　　☐ _____
☐ _____　　☐ _____
☐ _____　　☐ _____
☐ _____　　☐ _____

☐ 추도사 읽기   ☐ 비전 워크시트 점검하기   ☐ 목표 점검하기

주요 과제 1

_____
_____
_____
_____

오늘을 다시 살 수 있다면 무엇을 바꾸고 싶은가?

- _____
- _____
- _____

주요 과제 2

_____
_____
_____
_____

오늘 감사한 일은 무엇인가?

- _____
- _____
- _____
- _____

일정

- _____
- _____
- _____
- _____
- _____

부차적 과제

☐ _____   ☐ _____
☐ _____   ☐ _____
☐ _____   ☐ _____
☐ _____   ☐ _____

날짜

☐ 추도사 읽기   ☐ 비전 워크시트 점검하기   ☐ 목표 점검하기

주요 과제 1

_____
_____
_____
_____

오늘을 다시 살 수 있다면 무엇을 바꾸고 싶은가?

- _____
- _____
- _____

주요 과제 2

_____
_____
_____
_____

오늘 감사한 일은 무엇인가?

- _____
- _____
- _____
- _____

일정

- _____
- _____
- _____
- _____
- _____

부차적 과제

☐ _____   ☐ _____
☐ _____   ☐ _____
☐ _____   ☐ _____
☐ _____   ☐ _____

당신의 스토리를 쓰세요

지은이 도널드 밀러Donald Miller

도널드 밀러는 온라인 플랫폼 비즈니스메이드심플Business Made Simple의 CEO이자 『무기가 되는 스토리』를 비롯해 10권의 책을 집필한 작가다. 현재 아내 벳시, 딸 에멀린과 함께 미국 테네시주 내슈빌에 살고 있다.

옮긴이 김은영

글밥 아카데미 수료 후 바른번역 소속 번역가로 활동 중이며 옮긴 책으로는『불편한 사람과 뻔뻔하게 대화하는 법』,『나의 첫 심리상담』,『고독의 창조적 기쁨』,『실카의 여행』,『수이사이드 클럽』등이 있다.

되는 사람 ㅣ 안 될 놈의 굴레를 깨트릴 인생 설계도

펴낸날 초판 1쇄 2023년 2월 2일
　　　초판 2쇄 2023년 2월 19일
지은이 도널드 밀러
옮긴이 김은영
펴낸이 이주애, 홍영완
편집장 최혜리
편집1팀 문주영, 양혜영, 강민우
편집 박효주, 박주희, 장종철, 홍은비, 김하영, 김혜원, 이정미, 이소연
디자인 김주연, 박아형, 기조숙, 윤소정, 윤신혜
마케팅 김미소, 정혜인, 김태윤, 김지윤, 최혜빈
해외기획 정미현
경영지원 박소현
펴낸곳 (주)윌북 **출판등록** 제2006-000017호
주소 10881 경기도 파주시 광인사길 217
전화 031-955-3777 **팩스** 031-955-3778
홈페이지 willbookspub.com **전자우편** willbooks@naver.com
블로그 blog.naver.com/willbooks **포스트** post.naver.com/willbooks
페이스북 @willbooks **트위터** @onwillbooks **인스타그램** @willbooks_pub
ISBN 979-11-5581-573-1 03190

- 책값은 뒤표지에 있습니다.
- 잘못 만들어진 책은 구입하신 서점에서 바꿔드립니다.